The World watched 20th century Japan

世界から見た20世紀の日本

三井圭司
坂崎重盛
小沢信男
保阪正康
久保田誠一

山川出版社

目次

世界から見た20世紀の日本

第1章 明治時代

第2章 大正時代

第3章 昭和・戦前

関東大震災前の銀座。©MARY EVANS/amanaimages

第4章 昭和・戦後

原爆が投下された長崎。©CORBIS/amanaimages

第1章 明治時代

写真史概説

明治から大正の写真を支えた技術

日本に写真が伝わったのは幕末のことである。以後、写真撮影の技術を持って来日した欧米人たちは、エキゾチックな日本の風景や人々を撮影するとともに、日本人に写真の技術を伝授していった。

東京都写真美術館　三井圭司

はじめに

写真は簡単に視覚情報を伝達できる手段であり、モニターも含めれば、最も多く誰もが目にする視覚情報媒体だといえる。メモをとる代わりに携帯電話やタブレットで撮影したり、友人の写真をインターネット経由で共有した経験のある人も多いだろう。デジタル技術で記録できる現在、ますます写真は人々の生活に寄り添うようになった。

しかし、これは二十一世紀に普及した写真の新たな側面であって、明治から大正の時代となると状況は大きく異なっていた。本稿では、写真の発明から日本への渡来、国内で普及するまでの流れを概観し、本書に掲載される写真の背景を技術史的な視点から補完したい。

写真の発明

写真技術の歴史はカメラの歴史ではなく、感光材料の歴史から始まる。何を使って写すかよりも、まずは、どうすれば写るか、なのである。欧米において、光学的に正確な画面を作る技術は、ルネッサンス以来待望された技術であった。これは十九世紀中葉に英仏の二ヶ国でほぼ同時に実現する。

一八三九年一月六日、ガゼットフランス紙においてスクープが掲載された。翌日に美術アカデミーと科学アカデミーの合同学会において発表される「ダゲレオタイプ」という技術についてである。同年の夏、この技術のすべてが開陳された。パリ近郊のコルメイユ＝ザン＝パリジ生まれであるルイ・ジャック・マンデ・ダゲール（Louis Jacques Mandé Daguerre, 一七八七～一八五一）によって考案された世界で最初の写真方式である。鏡面上の銀板に直接画像を定着させるダゲレオタイプは、「記憶する鏡」とも呼ばれ、モールス信号で知られるサミュエル・モールスによって即座にアメリカへ伝えられた。ダゲールは一躍時の人となり、ダゲレオタイプは欧米社会に旋風を巻き起こす大発明となった。一方、一八三五年に類似した研究を行っていた英国のウォルトシャー出身のウィリアム・ヘンリー・フォックス・タルボット（William Henry Fox Talbot, 一八〇〇～一八七七）は、一月の発表に驚き、自己の優先権をさまざまな形で主張したが、フランス政府も英国政府も彼の主張に応えることはなかった。しかし、この年の内に世界初のネガポジ方式であるカロタイプを発明した。この方式は紙製のネガ原板を使って何枚でもプリントを作ることができる。タルボットは一八四四年からは世界で最初の写真集を発行するに至ったのである。デジタル技術が普及する以前の写真の多くがネガポジ方式を採用していたことを考えれば、タルボットは百年を優に超える発明を成したことになる。その後、フレデリック・スコット・アーチャー（Frederick Scott Archer, 一八一三～一八五七）によって、この技術を応用したガラスを用いるコロディオン湿板方式が発明され、一八五一年のロンドン万博で公開された。同時期に、卵白を使用した精度の高い印画紙（鶏卵紙）がフランスで発明された。この原板方式は、鶏卵紙との組み合わせで使用され、後に二十世紀の中心的な技法の基礎となるゼラチン乾板方式に交代するまで主流をなした。また、コロディオン湿板方式の撮影原板自体を鑑賞する方式（アンブロタイプ）も発明され、ダゲレオタイプの廉価版として機能したのである。

日本への渡来

ダゲレオタイプを日本人が使用した例は、島津藩の洋学研究の成果である「島津《しまづ》斉彬《なりあきら》像」（安政四年、国指定重要文化財、尚古集成館蔵）のみ現存している。島津藩では嘉永（あるいは弘化）年間から積極的な写真研究が行われており、カロタイプも現存している。このような時期から研究がなされていたことは写真史において非常に重要なことである。他方、この組織的な取り組みが国内に波及した流れは散見されず、残念ながら特例と考えねばならない。

日本人が写真技術を習得し、広く活用するためには文久

文久３年に島原藩松平家中屋敷の前（現・東京都港区三田二丁目・綱坂）で撮影された写真。鶏卵紙にプリントされている。

年間まで待たなくてはならない。また一方で、これ以前に写真技術を持って訪日した外国人も少なくない。その中には、ペリー遠征団に同行したエリファレット・ブラウン・ジュニアもおり、彼が撮影した侍の肖像写真や集合写真は、現在すべて国指定重要文化財となっている。逆に、日本からアメリカに渡った侍たちは彼の地で写真の制作を依頼している。サンフランシスコで撮影された勝海舟や福沢諭吉の写真はこの妙例である。幕府は使節を欧州にも派遣しており、パリでは著名なナダールが使節団を撮影しているほか、民俗学的な視点から正面と横顔を撮影したジャック＝フィリップ・ポトーの作例も現存している。

日本で最初の営業写真館は、アメリカ人のオーリン・フリーマンである。彼は横浜外国人居留地内に開業した商館で、アンブロタイプ（コロディオン湿板方式で撮影されて原板そのものを鑑賞する）の肖像写真を制作した。フリーマンから技術を習得して、日本人初の写真師が生まれる。江戸の薬研堀で開業した鵜飼玉川《うかいぎょくせん》である。文久元（一八六一）年には福井松平藩の江戸屋敷で撮影した記録がある。そして、翌年には横浜で下岡蓮杖《しもおかれんじょう》、長崎で上野彦馬《うえのひこま》が相次いで開業している。彼らの弟子たちを含め、明治初年までに北海道から九州の主要都市に写真館ができていく。幕末から明治期の写真の特徴は桐箱に収められたアンブロタイプ（ガラスの写真）が多いことである。ただ、幕末期から鶏卵紙にプリントする紙の写真も、主に配布用として制作された。

国内での普及

江戸および横浜、長崎で第一世代の写真師が誕生したが、明治初年までに各地で続々と誕生する写真師はこの弟子たちだけではない。北海道で最初の写真師は、函館で開業した木津幸吉で、ロシア帝国の初代日本駐在領事ヨシフ・アントノヴィチ・ゴシケーヴィチや同国の医師から写真技術を習得している。また、山形で開業した菊池新学も初期は洋学研究者の行方敬篤《なめかたけいとく》を起点に技術を習得する。京都で開業し新撰組の近藤勇を撮影したことでも知られる堀与兵衛《ほりよへえ》も洋学研究者の辻礼輔に習っている。このように幕末から明治初年における写真技術の普及は、一部の起点から放射線状に広がったというよりも、流入する西洋文明のひとつとして散発的に各地で定着したと考えられる。

もちろん、大阪の守田来蔵や択捉《えとろふ》出身で東京を活躍の場とした横山松三郎、横浜で横浜写真社を興した臼井秀三郎《うすいしゅうさぶろう》などのように、第一世代から直接に技術を習得した人々も少なくない。さらにいえば、明治天皇の肖像を撮影したことで知られる内田九一《うちだくいち》のように、第一世代と同様の時期に写真技術を習得しながら、彼らが先行して営業していたため、活躍の場を求めて開業が遅れてしまった例もある。先に触れた菊池新学は、一度開業してから上京し、横山松三郎らに師事している。明治初年までの十数年を見渡すと、さまざまな人々が写真に触れ、その迫真性に驚愕し、この技術を習得すべく奔走したことがわかる。

平成の現在にまで徳川慶喜や坂本龍馬の写真が伝えられていることからもわかる通り、侍が社会システムとして存在し、参勤交代が行われていた時代から写真は日本人によって用いられており、明治政府が力をつけ西洋的近代化が進む中で、日本に根付いていったのである。

明治24（1891）年に起こった濃尾地震（美濃・尾張地震）の後の様子。「K.Ogawa」の記載があり、撮影者は万延元（1860）年生まれの小川一真である。小川はアメリカで乾板や最新の印刷技術を習得し、明治17（1884）年に帰国後、写真館だけでなくコロタイプ印刷でも成功し、晩年は乾板の国産化に尽力した。

写真を撮られるということ

現在の視点から見れば、「写真を撮る」とは文字通り自ら撮影することを指す。しかし、これまで触れてきた幕末から明治初年においては「撮影される」ことを指した。あるいは肖像写真を依頼する、写真を制作する行為は、一般からかけ離れた専門的なものだったのである。これを行うためには薬剤を調合する化学的知識と経験に基づく勘が必要だった。まず、この時代のカメラにシャッターはない。原板の感度が低いため、装置に頼らずレンズのふたを開け閉めして露光時間（現在のシャッタースピードに当たる）を決める。もちろん、明るさを測る道具もない。すべて撮影者の勘が頼りである。また、撮影原板に感光性を与えるのは撮影の直前である。つまり、現在のカメラのように感光素子が内蔵されていないどころか、フィルムにあたるものを自作することを現場で行うのだ。プロセスとしては、まず、事前に磨いておいたガラス板にコロディオン溶液を垂らし、ガラス板を回しながら溶液をまんべんなく行き渡らせる。状態を確認し、暗所で硝酸銀溶液に浸して感光性を与える。ここで光を遮ることができるホルダーに差し込み、カメラに据える。レンズのふたを開け閉めして撮影し、再び暗所で現像し定着する。一連の作業をガラスのコロディオン層が乾かないうちに行わなくてはならない。これ故に湿板と呼ぶのである。屋外で撮影する場合は、テントのような携帯暗室を持参して撮影に臨む。幕末から明治中期に写真を撮影するためにはこのような工程と器材が必要であり、助手も何人か付き添っていた。知識と勘を習得することで成立する、まさに職人技だったのである。

そして、この原板を使ってプリントが制作される。この時期の一般的な印画紙は卵の白身を紙に塗布して、感光材料をここに染み込ませる鶏卵紙である。プリントする際は、原板を密着して太陽光で印画する。このため等倍のプリントができる。つまり、大判のガラスが入るカメラを使用してはじめて、大判のプリントの作成が可能になる。

乾板による革命

コロディオン湿板方式の場合、秒単位の撮影が必要である。ぶれない写真を作るためには、顔を固定する道具を使い、指先は何かを掴むなり袂に入れるなど肖像写真を作るには被写体側の努力も不可欠だったのである。ひるがえって、私たちが最も写真にしたいと感じる被写体とはなんだろう。その答えが小児であるといえば、納得しやすいのではないだろうか。しかし、小児に秒単位の制止を求めるのは限りなく不可能である。

一八八〇年頃から欧米で大量生産されるゼラチン乾板の登場によって、この欲望は実現する。日本には明治十年代から輸入され始め、明治二十年代にはカメラに取り付けるシャッターも発売された。早い段階でこの技術を使い、名をあげた写真師が江崎礼二《えさきれいじ》（一八四五〜一九一〇）である。明治十六（一八八三）年、江崎は隅田川で行われた水雷爆発演習において、立ち上がる水柱を撮影した。一瞬で消え去る水柱を捉えた江崎の写真は、自身を「早取《はやどり》写真師」と称する才覚も相まってたちまち評判となった。江崎は、瞬間撮影が可能になった写真技術を営業写真館でどのように応用すべきかを理解していた。小児の写真が撮影できるこ

明治27 (1894) 年に勃発した日清戦争の旅順攻略戦。乾板の普及により、瞬間を捉えられるようになったため、砲煙の輪郭などが鮮明になり迫真性が増した。

とを宣伝し、その思惑は見事に成功する。少し後の記録だが、読売新聞に「今度浅草公園凌雲閣にて江崎禮二氏が工風を凝して撮影したる小児一千七百名の写真画を（中略）陳列したるに意外の好評を博したるに付明日より同閣内に於て右写真画の専売をなすよし。」（明治二十三年十月十八日）という記事がある。現存する作品には「明治廿六年九月十三日版権所有 江嵜寫眞館 三ケ年間來客中 十五ケ月未満 小兒壱千七百人集寫」とある。江崎のビジネスセンスに息を呑むだけでなく、記述通り三年分だとすれば、年間三百日開業していたとして平均一日二人弱撮影していたことになる。小児だけでこの数字であることを考えれば、この写真館の繁盛ぶりにも驚く。ゼラチン乾板方式をビジネスアイテムにして大成功を収めたのである。

また、ゼラチン乾板の普及は被写体を拡大しただけではない。工場生産によって安定した品質で供給されるため、前述のコロディオン湿板方式と異なり、勘頼りの部分が大きく減ったこ

写真出典：陸地測量部「旅順ノ西北部方家屯附近ニ於テ山砲中隊敵ノ陣地ニ屯集セルモノヲ砲撃スルノ光景」『日清戦争写真帖』より。
東京都美術館蔵（東京都歴史文化財団イメージアーカイブ）。

とや原板制作の手間がなくなったこと、野外で撮影した際も時間を経てから現像することができるなど、軽便性も向上した。また、この技術を応用した印画紙も普及する。一方、ゼラチン乾板の普及と同じ頃にアメリカで最初のロール・フィルム・カメラが考案され、一八八九年にニトロセルロースを原料とする写真用フィルムが発売される。ガラス原板は硬度があり歪まないという特徴から、その後も建築写真や工業写真の分野でデジタル技術に交代するまで用いられるものの、一般的には連続撮影可能な軽便性からロール・フィルムが写真の主流を成すようになる。

写真を撮る時代へ向かって

引き伸ばしが可能になり、ロール・フィルムを用いるカメラが小型化する流れは、撮られるだけの写真から、自らも写真を撮る側へ歩を進める動きと呼応した関係にある。日本では、大正期にアマチュア写真が台頭し、写真は一部の技術者だけのものではなく、広く大衆に開かれる。昭和期に入るとライカを筆頭とした三十五ミリフィルムカメラが登場し、一層この状況は拡大し続けることとなる。

世界的に二十世紀は「写真の世紀」といわれる。十九世紀に発明された写真技術が高度化し、撮ることが身近になるとともに、プロフェッショナルが撮った写真を目にする機会も飛躍的に増加する右肩上がりの状況だったからだ。アマチュア写真の中には、撮影に没頭し、コストを度外視して渾身の写真を作り出す「芸術写真」も登場する。これらの写真は時代を超越する美しさを有する反面、制作された時代を語る部分に力点が置かれることは少ない。これに対して、眼前にある「いま」をわかりやすく記録して、言葉が通じない相手にも伝達しようとするのがプロフェッショナルの写真である。

そして、本書に掲載される写真は、ほとんどがプロフェッショナルの写真師によって制作されている。江戸の気風色濃い明治から大正期の職人たちの技術が、当時の様子を活き活きと描き出しているからこそ、近代化へ向かう日本の力強い姿を受け取ることができるのである。被写体の妙味だけでなく、それぞれの写真の技の冴えにも目を向けると、写真はさらに面白みが増す。

「何を捉えたか」だけでなく「どう捉えたか」という視線で本書を見返すと、新しい発見がきっとあるはずである。

明治の街並み

幕末に鎖国をやめ、横浜や神戸の港を開いた日本。明治の街は江戸時代の風景を濃厚に残しながらも、文明開化の彩りを添えていった。各地の街の姿を外国人のレポートとともに紹介する。

文久二（一八六二）年に来日し、通訳官から駐日公使となり、幕末から明治の日本をつぶさに見てきたアーネスト・サトウはアルバート・G・S・ホーズとの共著書『明治日本旅行案内』（庄田元男訳・平凡社）で、「旅行者は玩具や写真や安物を扱う店が何軒も立ち並ぶ仲見世を通って行くが、年間を通して晴れた日の午後や、特に毎月十七日、十八日（この日両日は観音様を祀る日である）には休みを楽しむ庶民の姿が目を引く。ここは東京でも最も活気のある場所となっているのである」と浅草を描写している。

浅草

新橋

上／明治五（一八七二）年、日本初の鉄道が現在の汐留にあたる新橋駅（写真中央）から横浜（現在の桜木町駅）まで開通した。明治六（一八七三）年に初来日し、帝国大学文科大学（東京大学文学部の前身）として近代日本語学の確立に貢献したイギリス人のB・H・チェンバレンは、日本の旅行案内のなかで、新橋を起点に品川、目黒、渋谷、新宿、目白、板橋、赤羽までの距離を紹介し、新橋駅から二人曳きの人力車で行かれる場所の所要時間を、帝国ホテル五分、鹿鳴館五分、芝公園十分、上野公園三十五分、浅草（観音）四十分などと示している（『チェンバレンの明治旅行案内』楠家重敏訳・新人物往来社より）。

左／現在の新橋駅北側で高速道路が通る土橋付近か。

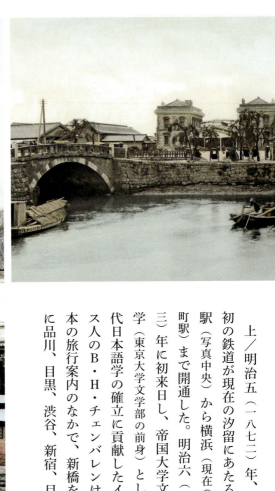

上野公園

『チェンバレンの明治旅行案内』には上野公園について、「丘のはずれで人力車を降り、旅行者は短い階段を右に登ってゆくと、桜がたくさん植えてある台地に出る。この場所からはこの町の良い景色を見ることが出来るが、とくに浅草方面では、上野駅のかなたに飛び抜けて見える十二層、丸い展望台の建物、大きな本願寺の屋根をながめられる」とある。

横浜

右／日本大通りに建つ横浜港郵便局。明治八（一八七五）年に開設。それまで各国の郵便局が取り扱っていた外国郵便を日本で最初に取り扱う局となった。明治九（一八七六）年に日本を訪れたエミール・ギメは『1876 ボンジュールかながわ』（青木啓輔訳・有隣堂）のなかで、「私は横浜で、ヨーロッパからの手紙を多数見つけた。郵便局で私を待っていたのだ。私と同じようにアメリカを通って着いた手紙は、私より前に着いた。反対の方向に出発した別の手紙は、地球の半分の円周を描いて――その間、私は別の半分を回っていたのだが――私と出会いにやってきた」

きたのだ」と手紙を受け取る喜びを記している。

左／初代横浜駅。現在の桜木町駅である。大岡川を渡る弁天橋に荷車が見える。ちなみに手前側は関内であるが、横浜港開港当時、大岡川などの水路で囲まれた居留地の出入り口に外国人の保護と貿易場出入りの警備のための関門が設けられていたため、その内側が関内と呼ばれた。

江の島 (右)

横浜から鎌倉を経て江の島に着いたエミール・ギメは「聖なる門が島の入口にあり、両側の宿屋の立ち並ぶ通りが、真直ぐにそして急な坂となって現れる。家々は大きく開け放されている。愛想のよい女中たちが、中に入るように呼びかけている」と『1876 ボンジュールかながわ』で描写した。

箱根 (左二点)

イギリス王立地理学会の特別会員であるアーサー・H・クロウは明治十四(一八八一)年に三ヵ月半ほどを日本各地を旅して『日本内陸紀行』(岡田章雄訳・雄松堂出版)を著したが、小田原から箱根宮ノ下へ向か

う道中を「三枚橋〔箱根町湯本〕まで東海道は、下はごうごうたる川の流れ、上は木の茂った丘陵、という渓谷の側面を迂曲しながら上ってゆく。この村の近くで、われわれは木立の間の狭い間道へ曲がって上りにつき、十五分ほど歩いて深い峡谷の上の高みに出た。下の方には、ごうごうと流れる急流〔早川〕のふちの塔ノ沢〔箱根町塔ノ沢〕に、赤と白の提灯がともっている。かなりけわしい小道をたどってゆくと川に出る。そして木の橋〔千歳橋〕を渡って小さい村へ入った」と著した。

芦ノ湖については、雲が厚くたれこめていたためか、「暗い、陰鬱な水の広がる箱根湖」と描写し、「この湖は非常に深い。実際、実態は何も分かっていないので、土地の人々は底無しだと信じている」とある。

京都

欧米では明治四十三（一九一〇）年の第二次南極探検隊に加わった写真家として知られ、明治三十四（一九〇一）年ころから何度か来日し日露戦争にも外国人として初めて従軍したハーバート・G・ポンティングは、京都について「私は京都で多くの幸せな日々を過ごした。古色蒼然とした寺から寺へ歩き廻ったり、周囲の森を探検したり、古い都の半分を取り囲んでいる丘の上を散歩したり、無数にある陶器や骨董品の店をのぞいたり、美しい保津川の早瀬を舟で下ったり、名高い陶芸家の工房を訪れたり、一面に咲いた桜の花や、鮮やかに彩られた紅葉の景色を楽し

んだりしたものだ」と『英国特派員の明治紀行』（長岡祥三訳・新人物往来社）のなかで多くの思い出を懐かしんでいる。右は鴨川に架かる四条大橋。

　左は明治十四（一八八一）年に創業した也阿弥ホテル。クロウは「外国風にしてはいるが、建物自体はすべて木造の日本建築で、畳、障子、襖をそなえ、前面にはきれいな縁側をめぐらし、下は美しい少庭園である」（『日本内陸紀行』）と紹介している。

神戸

クロウは神戸について「森に覆われた絵のような丘陵の連なりの麓に美しい位置を占め。丘陵のあちらこちらには、小さな百姓家、神社、寺院がみとめられる」(『日本内陸紀行』)と書いている。

左上の布引滝を訪れたときの様子をクロウは、「迂曲した上り坂をたどってゆくと、こんもりと木の葉の茂った美しい谷あいに至る。そこは美しいオニユリとシダに飾られた岩だらけの斜面であった。滝は、大量の水が一本になって落ちているのではなく、高さもせいぜい八十フィートくらいしかないが、真の魅力は、上方の茂った木の葉に隠れた目に見えない高みから、固い岩が摩滅してできた深い滝壺へとまろびつつ落ち

てゆく、そのたたずまいの不思議な美しさにある」と描いた。

　クロウが訪れた当時、神戸には写真（左下）のオリエンタルホテルとヒョーゴー・ホテルという二つの代表的なホテルがあった。ホテルから歩いて二十分で滝まで行ったこととあわせても、この二つのホテルのいずれかに宿泊したものと思われる。

大阪

神戸から汽車で1時間揺られ、大阪を訪れたクロウは『日本内陸紀行』で、「町の中をあらゆる方向に走っている多数の運河のため、大阪は『日本のベニス』という格好の呼び名を頂戴してきた」と紹介し、大阪の名所を訪ねた様子を記している。左下の大阪城については「強固な石垣と、幅の広い、深い堀がとりまいている。旧体制下では難攻不落であったに相違なく、今日の強力な大砲の時代でさえ、あなどりがたいものである」と驚嘆し、これほど大きな石垣を積み上げたことについて、「往時の日本人が現在のちっぽけな日本民族に較べて、ずっとたくましい体軀の持ち主だったという結論を指し示すものである」と推論した。

長崎

サトウは『明治日本旅行案内』で「この港湾は世界で最も美しい港の一つだと言う人もおり、長さ三マイルほどの狭い入り江に無数の湾が入り組み樹木に覆われた高低さまざまの丘が周りを囲んでいる。外海から全面的に隔てられており、大小いかなる船でも錨を下ろすことができる」と記している。湾内に見える船舶は、明治十二（一八七九）年にアメリカの元大統領で初めて日本を訪れたグラント将軍に随伴する艦船群。グラント将軍は夫人とともに世界旅行の途中で日本に寄り、盛大な歓迎を受けた。

伊豆修善寺

「渓谷の頂部付近の画趣に富む風景のさなかに位置しており、温泉があるために多くの遊楽客で賑わう。温泉の大半は公衆浴場だが、菊屋旅館の奥の部屋をとるように努力すればそこで個人風呂だけでなく、その魅力的な部屋一式を得ることができるだろう。村を流れる川〔桂川〕の中程の川原石から温泉が湧き上がっている」とサトウは『明治日本旅行案内』で紹介している。

©CORBIS/amanaimages（2点とも）

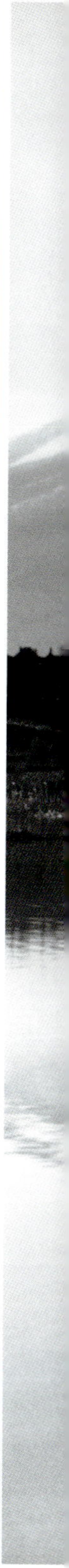

富士山

日本人の信仰の対象だった富士山について、クロウは「この堂々たる円錐形の山に崇拝の気持ちを抱かぬ者はなく、日本人ほど美しいものを愛する人々が、この山を礼拝するのにやぶさかでないのも、神官たちがずっとこの山を力強い神体として、信仰のはげみにしてきたのも、すこしも不思議はない」と記し、自身も山頂まで登っている。五合目の登山口となっている須走に宿を取り、朝、巡礼者たちの鈴の音で目覚めたクロウは「障子を開け放ってみると、富士の巨大な姿がまさに頂上まで、青い空にくっきりと鮮明に際立って見える。赤い溶岩の山腹では、白い蟻のように見える巡礼の長い列が、ほとんど目に見えないほどの速度で頂上に向かって這いのぼってゆく」（『日本内陸紀行』）と描写している。

ワンダーランド・吉原——いま、むかし

現在、東京・台東区千束には一大ソープランド街が広がる。吉原遊廓の名残りである。吉原はかつて男たちが遊びながら粋を競い合い、そこから風俗や文化が生まれる遊里だった。

随文家　坂崎重盛

フィクションで成り立つ虚構空間

江戸、東京に名所・旧跡、数あるなかで、華やかでありながら影絵のような存在のエリアがある。

日常と隣り合っていながら、非日常で成り立ってきた代表的な都市の一角——それが吉原である。

世の中は暮れて郭は昼になり

吉原の夜は昼までにやっとあけ

二句とも吉原を歌った江戸川柳。ここ吉原が不夜城であり、世間と昼夜が逆転していることをとりあげている。

また、

吉原ばかり月夜かと女房言い

よい月の夜、遊心に誘われて吉原に月を見に行こうとする夫に、「名月は家で見ても吉原で見ても同じ月だろう。なぜわざわざ吉原まで行かねばならぬ」と愚痴を言う女房。

男にとって日常ももちろん大切だが、吉原という遊里、遊廓の虚構空間、ワンダーランドの世界がフィクションで成り立つものだけに、その魅力にひきつけられてきたのだろう。

フィクションといえば、江戸・明治の名所錦絵を収集しているが、明治期の吉原を描いたものに桜が満開の絵柄がある。隅田川の対岸が桜の名所・向島なので、吉原にも桜の並木があってもなんの不自然でもないように思われるかもしれないが、じつは桜は本物ながら、虚構の飾りつけ、桜木を他所から持ってきて仮植し、遊客が桜花を楽しむための演出なのである。

明暦の大火後、浅草へ移転

ところで、吉原を隅田川の対岸、と記した。もちろん現在の吉原も同じ位置に残り、営業を続けているが、ここは第二の吉原。第一の吉原、元吉原は今日でいえば日本橋・人形町にあった。

日本橋とはいえ、葦の生い繁る湿地地帯に設けられた吉原だったが、江戸の発展により、やがてこの遊廓のすぐ近くにまで人家や商業施設も建ち並び、風紀上好ましいものではないとなり移転が検討されるようになる。候補地は本所か、隅田川を挟んでの浅草の田圃《たんぼ》地。

ところが、このタイミングで吉原が焼失する。明暦三（一六五七）年、本郷の本妙寺が火元といわれる、江戸の町の三分の二を焼きつくした明暦の大火、〝振袖火事〟である。

この大火のあとに、新吉原が浅草の地に定められ営業を開始する。その地割りは、間口三百三十メートル、奥行き二百五十メートル、周囲は約十メートルの側溝、いわゆる「お歯黒どぶ」に囲まれる。

吉原の廓の中への出入りは、入り口の「大門《おおもん》」だけに限られ、右側に廓の人間が常駐する「四郎兵衛会所」、左側に町奉行から派遣の役人が詰める「面番所」があった。

もちろん、廓の中の女性が勝手に出入りすることはご法度。周囲の「お歯黒どぶ」は彼女たちの廓内からの脱出、逃亡を防ぐための檻《おり》でもあった。

黒塀の内に四郎兵衛座って居
再会を期して大門から別れ

といった川柳も吉原の大門の一景を描いたものである。

当時の吉原の様子を知りたければ、先にふれた江戸、明治期の名所図絵の類の錦絵。あるいは落語の廓に関わる噺《はなし》。たとえば、初心《うぶ》な若旦那が初めてこの世界を知る「明烏」や指名の遊女を待つ客の姿と心理を面白おかしくスケッチした「五人廻し」、あるいは〝そんなに吉原がいいのなら〟、と自宅をミニ吉原に改造してしまうというナンセンスな「二階ぞめき」などなど、今日も高座にかけられる噺が少なくない。

また、ここでの房事の情景は——といえば、もちろん春画（枕絵）。体位や局部の描写には誇張（笑いを誘うためか）があるが室内の家具調度、衣装の柄など今日に残る貴重な時代風俗の参考資料といえる。

陰の存在ながら文化の発信基地でもあった

吉原といえば——ちょっとした体験を思い出した。

わたしが江戸、明治の名所錦絵を収集していることを知っている友人の紹介で、ある一部上場企業のカレンダ

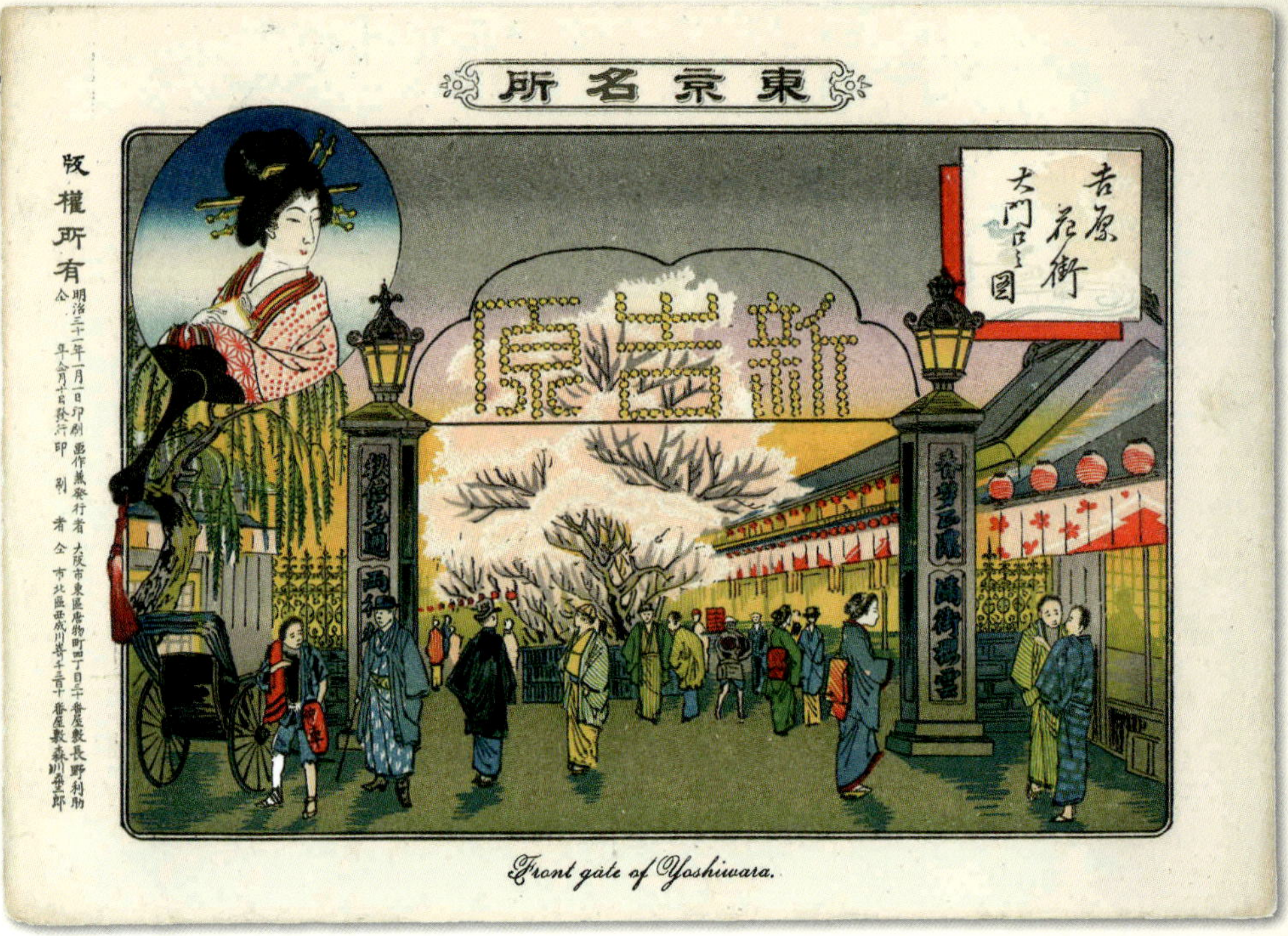

明治後期の春の夜の吉原の情景を伝える石版画。右上に「吉原花街大門之図」と書き込みが読める。吉原の入り口、大門の奥には一時、移植される桜が夜景を彩る。

ーを編集、構成したことがある。一年十二ヵ月、月ごとの名所・旧跡の錦絵を示しながら裏面に簡単な解説文を付すという企画である。

その中の四月に、私は桜咲く吉原の夜景を選んだ。すると社の上層部からクレームがついた。「吉原という遊廓の場を描いたものを公共性の高いカレンダーに載せるのはふさわしくない」という指示である。

こちらとしては江戸、明治の東京の四季を描いた錦絵といえば吉原をはずすわけにはいかないと考えたのだが、一流企業の〝良識〟は、吉原に過敏に反応したようである。

当然のこと、吉原というものがなければ、江戸、明治の文化はどんなに貧しいものになったことだろう。数多くの名所錦絵もなく、歌麿をはじめとする人気遊女の大首絵もない。もちろん春画の大半が存在しなくなり、廓が舞台となった歌舞伎や義太夫、落語の世界がない。狂歌、川柳、都々逸《どどいつ》の多くが失われ、江戸文学、――山東《さんとう》京伝《きょうでん》らによる吉原という遊里の風俗や遊びのルールを描いた「洒落本」というジャンルもなかったということになる。そもそも、樋口一葉の名作「たけくらべ」も生まれなかった。

右の版画よりやや前の時期と思われる新吉原の「大門」の写真。

つまり、吉原という空間とそこから生まれた様々な風俗、文化は江戸、明治文化の重要な構成要素であったわけである。そこは〝悪所〟として、陰の存在でありながら、時代文化に大きな影響を与えた発信基地でもあったのだ。

また、江戸の廓内で生きる遊女たちも、春をひさぐ身ではありながら、遊女の最高位の「太夫《たゆう》」となると歌舞音曲はもちろんのこと、茶道、花道また和漢の道にもくわしい、といったかなりの教養と品性を身につけ、プライドの高い女性もいたようで、武士の客といえども意のままにならぬこともあったようだ。

江戸の香りが永遠に失われた明治の「吉原炎上」

徳川幕府が倒れ、明治の世となるも吉原は存続する。ただし、明治新政府のもと吉原は残ったものの、二つのできごとが吉原をゆるがすことになる。ひとつは明治二（一八六九）年に開設されたライバル、根津の遊廓の営業開始と、もうひとつは明治五（一八七二）年の太政官《だじょうかん》布告の「娼妓解放令」である。

とくに、この「娼妓解放令」は一切の人身売買を禁止し、娼妓たちの借金はすべて棒引き、自由の身になるという法令。しかし、これは当時、諸外国に対し「日本は奴隷制度はない」ということをアピールするための布告だったとされる。

　この時の吉原は遊女屋が百八十七軒、引手茶屋百二十一軒、遊女三千四百四十八人、女芸者百七十一人、男芸者二十五人とそれらに関わる人々が数百人はいたという。

　このいきなりの法令は、吉原の楼主や遊女、関係者にとっても、寝耳に水であったようで、戸惑うばかり。現実は、その翌年には「貸座敷渡世規則」「芸妓規則」という名のもとに吉原は存続する。なんのことはない「妓楼」が「貸座敷」と名を変えただけとなった。

　明治初期の吉原錦絵を見ると、そのモダンぶりに驚かされる。三階建ての洋館でバルコニーまである。明治十四（一八八一）年には「大門」が鋳鉄製の門となり、洋風の時代の波を受けつつも繁栄は続く。とくに明治二十七（一八九四）年の日清、三十七（一九〇四）年の日露の戦争景気で全盛期を謳歌する。

　しかし、明治四十四（一九一一）年の「吉原炎上」と呼ばれた大火によって洋風を取り入れながらも江戸の香りを残した廓情緒の吉原は永遠に失われることとなった。

　吉原が焼失し、大正の時代を迎えて、デモクラシーが唱えられる時代となると女性解放運動の高まりのなかで大正五（一九一六）年、政府は「娼妓取締規則」を改正することになる。

　人権擁護意識の見地から、それまであった格子ごしに娼妓を選べる「張見世《はりみせ》」がなくなり、最先端の写真技術、顔写真で相手を選ぶ方式に変えられた。

　大正時代にも吉原は大火に見舞われる。これは失火ではない。大正十二（一九二三）年の関東大震災で吉原も全焼。このとき娼妓たちの逃亡を防ごうと大門を閉じたため逃げ遅れた娼妓たちが哀れにも焼死する。

　先日、たまたま三ノ輪から浅草散歩の途中、「吉原神社」に立ち寄ったが、境内に建つ「吉原弁財天」は、そ

こちらは毒々しいまでの極彩色の明治木版画。右上に「新吉原江戸町壱丁目五盛樓五階之図」のタイトル。立ち並んだ花魁（おいらん）の背景は、なんともモダンな洋館建ての廓。各階の窓から顔を出す遊客の姿も描かれて興味深い錦絵。

のとき焼死した彼女たちの慰霊塔である。ふくよかな面立ちの弁財天の下に「大震火災・殃死者追悼記念碑」と読める文字の刻まれた銅像がある。

戦時中は入隊前の兵士が過ごす一夜の宴の場に

全焼した吉原遊郭は昭和と年号を改めたあとでも、たくましく復活する。昭和初年、世は「大学は出たけれど」が流行語になるくらいの不景気ではあっても吉原ばかりは別だったようである。

しかし、昭和六（一九三一）年の満州事変、つづく七（一九三二）年の上海事変、さらに十二（一九三七）年の盧溝橋事件と戦火が拡大してゆくなかで吉原も戦時の色を濃くしてゆく。ところが皮肉なことに、ここ吉原は戦地に赴く兵士や入隊前の一夜の宴の場としても賑わうことになる。

このときの、兵士の無事を祈る、彼女たちによる千人針で胴巻きを縫う姿が吉原風俗の一情景だったという。

しかし、さすがに――「贅沢は敵だ」「欲しがりません勝つまでは」の時局のころともなると、不夜城・吉原も灯火管制で火を消したように暗くなり、空襲による火災の拡大を防ぐため、他の市街と同様、建物も強制的に取り壊されることになる。

そして昭和二十（一九四五）年の三月十日未明の東京大空襲により娼妓や芸妓、客、そして経営者や使用人の多くが命を落とし、吉原も焼け野原となる。当時、吉原にいた娼妓千二百人のうち約四百人が焼死、あるいは火を逃れようと隅田川に飛び込んで溺死したという。

生き残った娼妓の多くは吉原を去り、他の花街へと散っていった。ところが心当たりの行き先がなく、残った彼女たちに警視庁から営業再開の指示が出る。これは、「治安維持と軍需生産向上のため」が目的とのこと。このとき残っていた女性の人数は二十人ほどだった。

お上からの風俗営業の督促である。再建のための建築資材も軍からの提供という力の入れ具合。大空襲から三ヵ月後の六月には焼け残ったビルにベニア板の間仕切りで七軒が営業を始める。お上の意向は図に当たり、吉原ベニア板廓はオープン早々大賑わいとなったというが、その二ヵ月後の八月十五日に日本は無条件降伏を迎えることとなる。

戦後の「売春防止法」で吉原の歴史に幕

終戦直後、またしてもお上からの風俗営業設立の指示が出る。「占領軍兵士から日本婦女子の純血を守るため」の対策として、進駐軍のための全国的な性的慰安施設の設施が決定され、官民半々出資の一億円の株式会社「特殊慰安施設協会」（RAA＝リクリエーション・アミューズメント・アソシエーション）が結成される。吉原も進駐軍兵士の慰安所に指定、彼らのためのダンスホール、バーもある吉原に生まれ変わる。この「RAA」に対応して設置された小岩（江戸川区）の「東京パレス」は永井荷風の日記や坂口安吾のエッセー「田園ハレム」に登場している。

吉原でも、この進駐軍対応〝社交場〟は九月十八日、営業開始するやいなや兵士たちの行列が毎日できるほどの盛況ぶり。

しかし翌昭和二十一（一九四六）年一月にはGHQから「公娼廃止に関する覚書」が出される。これに対し警視庁は、公娼ではないが私娼の集団エリアは黙認し、その地域を赤エンピツで示したことから「赤線地帯」という呼び名が生まれた。

この頁の図版（3点）提供：坂崎重盛

花魁道中。花魁とは太夫など吉原の上級遊女の別称で、馴染客を迎える茶屋の行き帰りや特定の日に、着飾って遊廓の中を練り歩いた。

ところでＲＡＡは最盛時は全国で七万人の慰安婦を擁していたが、占領軍当局はＲＡＡのすべての慰安所に兵士の立ち入りを禁じる「オフ・リミッツ」を出した。それは進駐軍兵士の性病の蔓延が理由とされ、ＲＡＡの店には「ＶＤ（Venereal Disease ＝性病）の看板を掲げるよう指示した。

これによりＲＡＡは大きな打撃をこうむり、昭和二十四（一九四九）年解散することになり、吉原もほとんどがモダンなカフェーの雰囲気の建物となり、敗戦後の新吉原風俗（組合名は「新吉原カフェー協同組合」）となる。

そして昭和三十三（一九五八）年二月「売春防止法」の施行により江戸時代から何度かの変転を経てきた吉原は、その歴史を閉じることとなる。とはいえ、今日もそのエリアを歩けば、ご存知のように、いわゆるソープランドという名の風俗店が林立、非日常のネオンがまたたいている。

ただ、そこはすでに、かつての通や粋を競った遊里ではなく、文学、芸能を生んだ遊亭文化の発信地とは無縁の、性的なワンダーランドに徹しているように思える。往時茫々……。

働く人々

自らの身体を最大の資本として生業にいそしむ明治人は、大きな物でも人力で運ぶのが基本であり、その身体からは凛々しさと逞しさが溢れ出ている。

籠や箒を満載にした大八車を曳く男。

駕籠かきたち

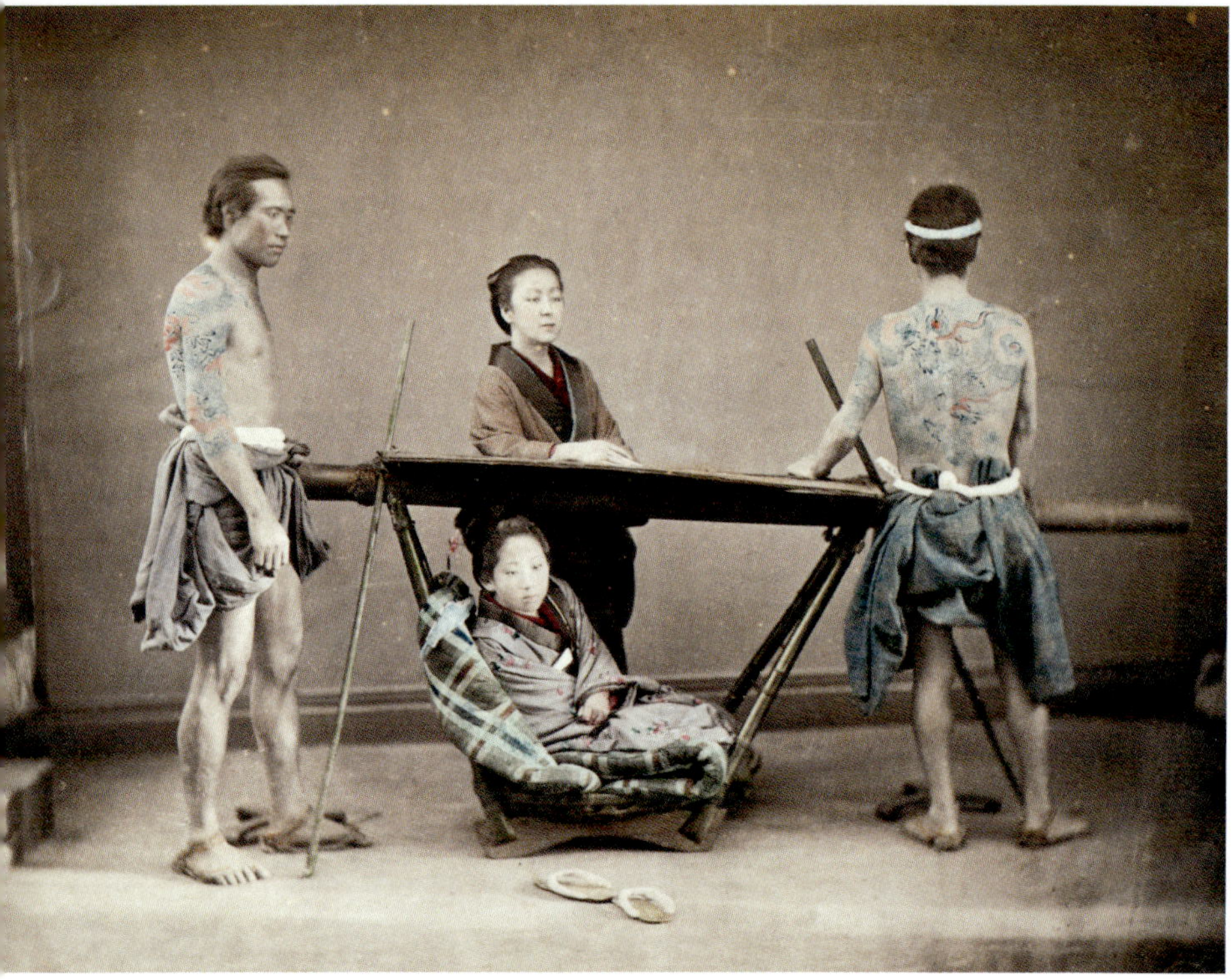

側面に覆いがないシンプルな山駕籠などは庶民が使い、覆いや装飾を施したものは「乗物」とも呼ばれ、身分の高い人たちが使った。

©CORBIS/amanaimages（右上・右下・左上）｜©MARY EVANS/amanaimages（左下）

天秤棒と人力車

天秤棒を担ぐのに重心にぶれがなく、身体にすっと一本芯が入ったようなその姿は、現代人が失ってしまったものであるようだ。

| ©CORBIS/amanaimages（右２点） | ©MARY EVANS/amanaimages（左２点） |

物売り四態

右上の「太物」とは、絹織物を呉服というのに対し、綿織物、麻織物など太い糸の織物、あるいは衣服にする布地の総称として太物といった。右下も布地売り、左は八百屋、下は乾物・雑貨屋。

易者

竹ひごのような筮竹を使って占うスタイルは、今も変わらず見ることができる。

常夜燈

大道芸人たち

右は猿回し、左上は簡単なセットをしつらえたお芝居か。
左下は子どもの曲芸。

男の作業

右上は提灯作り。右下は米の籾殻を取る籾擂り。
左上は下駄作り。左下は大工仕事。

©MARY EVANS/amanaimages（4点とも）

女の作業

右上は料理の様子。流し台などなく、釜の脇ですりこぎや包丁を使っている。右下は紡ぎ車を使って絹を紡ぐ女性。左上は茶摘みの光景。左下は髪結いの様子。

子どもの作業

手慣れた様子で盥作りに励む４人の子どもたち。

マニュファクチャー

産業革命によって機械制大工場が登場する前のシンプルな生産形態で、分業に基づく協業であり、資本主義生産の最初の形態が明治中期に登場した。工場制手工業ともいう。上下とも東京の銅線工場の作業風景。

外国人をとらえた明治の男たち

相撲取りと行事

飛脚

火消したち

富士山への巡礼者

庶民の暮らしぶり

風光明媚な自然に恵まれている日本。明治の人々の生活は豊かな自然に囲まれて四季折々を楽しむ喜びを教えてくれる。

太鼓と三味線の音に合わせて踊る女性たち。

風光明媚な生活

©CORBIS/amanaimages（4点とも）

右上｜美しい紅葉に囲まれた橋に佇む女性たち。
右下｜屋形船の屋根で三味線をひく女性。
左上｜庭を眺めながらお茶を飲む男女。
左下｜丁寧な挨拶を交わす訪問客と家人。

ポーズを取る女性

右は頭巾をかぶり閉じた和傘を片手に、
左はうちわを持った着物姿の2人を撮影。

健やかな子どもたち

右上は赤ん坊を背負った母親が家の前で遊ぶ子どもたちの様子を眺めている。右下は縁側に座ってお膳で食事をする子どもたち。上の模擬銃を構える学生は明治38(1905)年の撮影で、前年からこの年まで行われた日露戦争の影響である。

アイヌの人々

紀行作家のイザベラ・バードは明治10年代に日本を訪れ、北海道に居住する先住民族のアイヌの人々について、「その顔の場合と同じように、家屋の点でも、征服者である日本人よりヨーロッパ的である。彼らの家には、玄関があり、窓があり、家の中央に囲炉裏がある。これはスコットランドの高地人によく似ている。それから一段と高い寝所がある」と『日本奥地紀行』に記している。

アイヌ民族はかつては白色人種の（コーカソイド）に属すると考えられたこともあったが、現在はモンゴロイドの枠内に入るという説が定説となっている。

外国人カメラマンによる元キャプションには1908年とあるが、構図や暗所で撮影されていることからみて、大正時代の撮影の可能性も。

解説

日露戦争

明治三十七（一九〇四）年から三十八（一九〇五）年にかけて行われた日露戦争は朝鮮半島から満州（中国東北部）を舞台に、陸と海で激戦が繰り広げられた。

ロシアの東方進出に開戦決意

日露戦争は韓国と満州の支配権をめぐって勃発した。ロシアは日清戦争で日本が獲得した遼東半島を、露独仏の三国干渉によって清国に返還させた。その後、ロシアはくだんの遼東半島を租借し、半島先端の旅順を要塞化した。また、明治三十三（一九〇〇）年の北清事変をきっかけに、ロシアは満州に軍を駐留させ、日本やイギリスの抗議にもかかわらず撤兵しなかった。

日本は韓国を足がかりに満州進出を目論んでいたため、ロシア軍の撤兵交渉を行ったが、逆にロシアは満州と韓国の国境の町に砲台を築くなど強硬な態度を示した。

日本国内には断固戦うべしという主戦論が高まった。大国ロシアに勝てると考えていた日本の指導者はいなかったが、交渉でロシアの満州・韓国進出を防ぐことは不可能と判断し、ついに開戦を決定した。

旅順港口閉塞作戦

日本軍の基本戦略は短期決戦だった。主戦場を満州とし、陸軍はロシアから増援部隊が到着する前に敵の在満主力を撃破し、北方に追い払う。海軍は旅順とウラジオストクを根拠地とするロシア太平洋艦隊を殲滅し、制海権を掌握するというものだった。そして開戦とともに、中立国のアメリカに、日本が有利なタイミングでロシアへの講和を持ちかけてもらうよう工作した。中国大陸へ進出する余裕のないアメリカは、日本にロシアの南下を食い止めてもらえれば好都合であり、日本に好意的だった。

日本軍は旅順港のロシア艦隊を撃滅すべく奇襲攻撃を行ったが、ロシア艦隊は旅順港に立てこもった。旅順港の港口は狭く、強引に侵入しようとすれば左右の砲台から砲撃されてしまう。そこで、日本軍は港口に古い貨物船をいくつも沈めて港口を

©CORBIS/amanaimages

港口の狭まった旅順港。

封鎖しようという奇策に出た。しかしながらロシア軍の迎撃にあい、失敗に終わった。

さらに、ロシア本国から強力なバルチック艦隊が回航されるという。バルチック艦隊が到着する前に、旅順のロシア艦隊を撃破しなければならない。もはやロシア艦隊を壊滅させるには旅順要塞を攻略して、陸側から攻撃するしか手がなかった。

陸軍は当初、堅固な旅順要塞を攻略する具体的な作戦はなかったが、旅順攻略に取りかかった。その司令官に指名されたのが乃木希典大将である。乃木は度重なる正面攻撃で大量の犠牲者を出しながらも、半年の死闘の末、明治三十八年一月一日に旅順を攻略した。旅順のロシア艦隊は陸側から発せられる日本の二十八センチ榴弾砲で損傷した。

華々しい凱旋パレード

旅順を攻略した乃木軍は満州を北上する他の陸軍部隊と合流し、遼陽会戦、奉天会戦で日本は勝利をおさめた。そして、いよいよバルチック艦隊がアフリカ南方を回って到着したが、その時すでに戦う余力はほとんど失っていた。日本海海戦は連合艦隊の史上稀に見る大勝利となった。

アメリカのセオドア・ルーズベルト大統領はロシア皇帝に和議を提案した。ロシアは旅順陥落後と奉天会戦後にもルーズベルトから講和を持ちかけられていたが、その時はまだバルチック艦隊が東航中であり、皇帝は講和に応じなかった。だがバルチック艦隊が壊滅し、ついに講和の斡旋を受け入れた。

日本はポーツマス条約により、樺太南部の領有と遼東半島の租借権、南満州鉄道の経営権を得た。しかし、国内では日本が勝利したにもかかわらず一銭の賠償金すら得られない講和条約に反対の声が高まり、日比谷焼打ち事件など暴動が起こった。

それでも大方の国民は戦争が終わったことを素直に喜び、やがて帰国する将兵を迎える準備が進められた。新橋から上野にいたる電車通りには凱旋門がつくられ、明治三十八年十月二十二日、連合艦隊司令長官の東郷平八郎大将が天皇に参内報告するために上京した。各艦隊の司令長官や幕僚を従えた東郷大将一行は新橋駅から特別仕立ての馬車で皇居に向かった。沿道は東郷大将の姿を一目見ようとする人々で埋め尽くされ、大歓迎した。

大々的に行われた凱旋パレード。

第2章

大正時代

大正の街並み

日露戦争の勝利で日本は欧米列強の仲間入りした。大正時代は経済も比較的安定し、大正デモクラシーと呼ばれる民主的な風が社会に流れた。

宮城(皇居)前広場

当時は宮城前広場といったが、大正末までに広場で行われた行事は明治31（1898）年の「奠都30年祭」と大正5（1916）年から大正7（1918）年にかけての陸軍始観兵式くらいしかなかった。だが大正13（1924）年に東京市主催の「皇太子成婚奉祝会」が開かれて以降、建国祭や昭和大礼、観兵式などがさかんに開かれるようになった。

宮城全景

宮城には天皇の住居である御所や行事を行う宮殿などがあった。しかし、健康の優れない大正天皇は青山御所での静養や夏の日光田母沢御用邸での長期避暑、冬の葉山御用邸での避寒など、宮城で過ごす時間は長くはなかった。

京橋

戦後に埋め立てられるまで京橋川が流れていたが、東海道の起点である日本橋から京へ上る最初の橋だったことから京橋と呼ばれ、それが町名となった。

浅草

日本一の盛り場として賑わい、「浅草六区」を中心に興行される見世物小屋や大道芸、明治23（1890）年に開業した新名物の凌雲閣が人気だった。八角形をした52メートルほどの凌雲閣は最上階の展望台から東京のパノラマを楽しむことができた。

復興建築株式會社支店

K. WATANO
KAGA PORCELAIN

箱根・富士屋ホテル

明治11（1878）年に日本で初めての本格的なリゾートホテルとして開業した。宮ノ下にあった老舗の奈良屋旅館と協定を結び、明治26（1893）年に富士屋ホテルは外国人客専用のホテルとなった。協定は大正元（1912）年まで続いた。大正9（1920）には最新式の設備を用いた鉄筋コンクリート造りの厨房が完成し、「東洋一の厨房」と呼ばれた。

横浜

幕末に締結された日米修好通商条約によって、安政6（1859）年に横浜は開港した。それまでは100戸ほどの半農半漁の横浜村だったが、新しく生まれた横浜は開国日本の象徴となり、先進的な産業や文化を積極的に吸収しようと内外から多くの人々が集まった。明治末から大正にかけては、伊勢佐木町の芝居観劇やテニス、野球などのスポーツが盛んに行われた。
写真上は馬車道、下は弁天通。

神戸

幕末の開港まで寒村だった横浜と違い、神戸は天下の台所・大阪を控えて海上交通の要衝として栄えていた。慶応3（1867）年に開港すると、欧米の生活様式が流れこんだ。また、西国街道沿いの宿駅でもあり、日本の伝統文化と西洋文化が交わり独特の発展を遂げた。大正9（1920）年にはアメリカ航路が開かれた。写真上は旧外国人居留地の京町。外国人居留地は明治32（1899）年に返還された、その後は日本人が移り住みビジネスの中心地として発展した。下は芝居小屋や活動写真小屋が立ち並ぶ新開地。「東の浅草、西の新開地」といわれた。

大阪

古来から人や物が集まる地として発展した大阪。645年には孝徳天皇が都を奈良から難波宮に移し、室町時代には蓮如が建設した石山御坊（のちの石山本願寺）の寺内町として栄えた。江戸時代には全国の物流が集中する経済の中心地となり、明治維新後は工業の発展も目覚ましかった。大正14（1925）年まで、大阪は日本でもっとも人口の多い街だった。

働く人々

資本主義の発展にともない企業が増加し「サラリーマン」が誕生したのが大正時代である。だがそれは都会に限られたことで、カメラは地方で営まれていた伝統的な生活をとらえた。

和傘職人。

©CORBIS/amanaimages

働く男たち

右上｜神棚作り。
右下｜絹製品づくり。英語キャプションによると、残り物を使ってグレードの低い絹をつくっている様子だという。
左上｜鵜飼い。風折烏帽子に腰みの姿は現在も変わらない。
左下｜米の籾摺り。道具が明治時代より大型化して効率が上がっているように思われる。

右上｜お茶の葉の梱包。
右下｜機織り。
左上｜電話交換手。女性の社会進出のさきがけとなった職業の一つで、東京の中央電話交換局を安達謙蔵逓信大臣が視察に訪れた。
左下｜台のようなものを頭上に乗せて歩く巡礼者。

働く女たち

右上｜金魚売り。
右下｜薬売り。
左上｜日用雑貨屋。
左下｜おもちゃ屋。

物売り四態

大正の子どもたち

明治安田生命の調査によると、大正元年生まれの子どもの名前は、男の子は「正一」「清」「正雄」、女の子は「千代」「ハル」「ハナ」がベストスリーだった。

右｜飴細工に集まる子どもたち。

下｜そろばんを習う小学生たち。

子どもに人気があった遊びは、男の子はメンコやベーゴマ、けん玉、女の子はおはじきや鞠つき、お手玉などで、雑誌では『子供之友』や『少年倶樂部』が大正時代に創刊している。大きな目玉をギョロリとむいて見得を切る尾上松之助の忍術映画を真似して、高いところから飛び降りて怪我をする子どもが続出するというエピソードも。

大正世相史

大正の三大洋食といえばライスカレー、コロッケ、トンカツだった。ラジオ放送が始まったのも大正時代で、文化の西洋化・大衆化が進んだ。

明治天皇の大喪（大正元年）

日露戦争の旅順攻略戦を指揮した乃木希典大将は明治天皇の大喪にあわせて、夫人とともに殉死した。

インフルエンザの流行(大正9年)

現代と同じようにマスクをつけて学校へ通う女学生たち。

平和博覧会(大正11年)

上野公園で行われた平和記念東京博覧会は不忍池を走る水上飛行機や世界中の風俗・生活が楽しめる万国街などが人気を集めた。文化住宅の展覧やラジオの実験放送も行われた。

樺太館

女相撲（大正15年）

「相撲」は『日本書紀』にもその文字が見られるほどの日本の伝統であるが、明治から大正にかけては各地を巡業してまわる女相撲も人気を博した。

©CORBIS/amanaimages

大鳥

解説

関東大震災

大正十二(一九二三)年九月一日午前十一時五十八分四十四秒、関東地方を激震が襲った。相模湾を震源とするマグニチュード七・九の大地震である。昼食の準備中の時間だったため、各地で火災が発生。

崩れ落ちた浅草十二階

震災の日は土曜日で、浅草には十万人余りの行楽客が繰り出していた。突き上げるような音とともに地面が激しく何度も揺れ、「浅草十二階」と呼ばれた凌雲閣も大きく傾いたかと思うと八階あたりから真っ二つにへし折れた。入場者のほとんどは墜落死し、凌雲閣を取り囲むように密集した千束町の民家や中小の商店街は音を立てて押しつぶされた。

遊園地の浅草花やしきは火災に包まれ、驚き騒ぐ猛禽類はすべて射殺された。偉容を誇っていた本願寺の大伽藍までも焼け落ちた。

©CORBIS/amanaimages

壊滅した浅草。

本所被服廠跡の大惨事

関東大震災の死者・行方不明者は十万五千人、全壊・半壊・流出・焼失などの住家被害は三十七万棟を超えた。この被害の多くは直接の地震によるものではなく、火災によるものだった。

東京市の大半、神奈川県の横浜・横須賀市のほとんどが焼失したが、なかでも悲惨だったのが本所の陸軍被服廠跡である。地震発生直後、本所区内の柳原町から出火した炎はまたたく間に密集する家屋を焼き払った。火は本所方面と合流し、逆巻いて四方に広がった。逃げ惑う人々の避難場所となったのが隅田川の東側にあった陸軍被服廠の跡地だった。二万坪を超える三角状の空き地で、広大な跡地は格好の避難場所と思われた。地震直後から近隣の住民たち

©CORBIS/amanaimages（3点とも）

は家財道具を持ち込んでいた。

午後四時頃、三方から炎が襲いかかり、家財や荷物に火が燃え移った。避難民たちが逃げ惑ううちに、突然、大旋風が巻き起こった。多くの大八車や家財、そして人間までもが空中高く巻き上げられた。旋風が巻き上がった空間が一瞬、真空状態となり、そこに渦巻く炎が四方から流れ込んだ。大火災が跡地全体を覆い尽くし、下火になったときには累々たる死体の山が積み重なっていた。三万八千人もの命が奪われ、犠牲者は焼死だけでなく、一酸化炭素による窒息死や圧死も少なくなかった。

右上｜家財道具を大八車に満載し、避難する人々。
左上｜いくつかのビルを除いて壊滅した銀座の街。
左下｜銀座の崩壊したビルの間をぬうように歩く人々。

第3章

昭和・戦前

戦前の街並み

大正デモクラシーを経て、昭和の戦争へと向かう世相は、決して暗いだけのものではなく、日本各地の街は賑わいをみせていた。

©MARY EVANS/amanaimages

浅草

昭和初期、日本でもっとも華や
かだった浅草（昭和5年頃）。

神戸

右上｜商業の中心地・大阪において、キタとミナミの中間に位置する中之島。公園では音楽隊の演奏や映画上映会など文化的な催しが頻繁に行われた（昭和10年）。

右下｜神戸の六甲山に登るロープウェイの駅。昭和6年から昭和19年の間、営業していた六甲登山ロープウェイだと思われる。

上｜温泉で知られる大分県の別府の繁華街（昭和9年）。

下｜奇観を呈する自然湧出の源泉をまわる「地獄めぐり」の一つ「血の池地獄」（昭和5年ころ）。当時から、別府温泉の観光スポットとなっていた。

大阪

大分・別府

銀座育ちの『昭和銀座物語』

昭和二（一九二七）年に芝区南佐久間町（現在の港区西新橋）に生まれ、昭和五（一九三〇）年に銀座西八丁目へと移り住み、そこで物心ついたという著者が、子供時代の思い出とともに銀座の変遷を振り返る。

作家　小沢信男

子供たちであふれていた銀座界隈

数寄屋橋の袂の泰明小学校に、私が通っていたのは昭和九年四月から十五年三月まで。西暦ならば一九三〇年代のほぼ後半です。当時は各学年に男組、男女組、女組の三クラスがあり、各組が五十名に近いから、六学年でざっと九百人たらず。銀座界隈に、それほど子供らがうじゃうじゃいたのですよ。

北の京橋から南の新橋までの表通りには、松屋、松坂屋、服部時計店などの有名なビルディングたちをはじめ、二階屋のさまざまな店舗が軒をつらねた。一階がお店で、二階に家族が暮らす。住込みの店員もいる。横丁も、裏通りも。いや銀座八丁にかぎらず、下町の盛り場はおおかたそんなあんばいでした。

ただし、銀座通りはお客さまの通る道で、むやみに子供らが飛びだしてはいけない。遊び場は、放課後の校庭か、住まいの近所の裏通りです。わが家は銀座のはずれ土橋の袂の電車道に面していたが、裏の板新道でメンコ、おはじき、鬼ごっこなどで日が暮れた。

児童全員が銀座の子とはかぎらず、学区外からの子たちもけっこういた。私のクラスにも、赤坂虎屋の黒川君、築地貝新の水谷君などは、銀座通りに支店があって堂々たる越境入学でした。

細い路地の先には汲取口

毎朝、校庭一杯に整列し、音楽の先生が鳴らすオルガンの音に乗って教室へ。一年生は一階。二年

昭和初期の銀座通り。奥に見えるのは大正14（1925）年に開業した松屋。百貨店初のカフェテリア式大食堂や安本亀八の活人形などで人気を呼んだ。

生、三年生は二階。四、五、六年生が三階だったかな。全階スチーム暖房で、そのスチームの上に弁当箱を乗せておけば、真冬でもほかほかの昼弁当がたべられた。

大正大震災後に、市中の各所に建てられた復興小学校の一つです。数寄屋橋公園が隣接して、災害時の避難場所の役割を担っていた。便所も水洗で、しゃれていた。

デパートや劇場や本建築のビルディングたちのほかは、まだ軒なみ汲取り式でした。汲取口はおおかた路地にある。細い路地で長い柄杓を、たくみに操って桶に汲み、かつぎだして道端にならべる。各戸では桶の数の汲取券を渡す。東京市のマーク入りの券を煙草屋などで売っていました。

やがて牛車がきて、桶を積みあ

げて運び去る。チンチン電車や、乗合バスや、外車のフォードや、国産のダットサンや、オートバイの疾走を、いっさい無視するのろさで。

こんにちの銀座に、路地はだいぶ減ったがあんがい残ってもいます。ビルとビルの間に半端な隙間がなぜ、とご不審でしたら、往年の柄杓の技の名残なんだとご納得ください。

裏通りを往来するさまざまな物売り

あのころは荷運びの馬車も通った。電車道に馬糞が転がっていた。大型や小型のトラックも、オート三輪も、リヤカーも、大八車も。そして人力車も軽やかに揺れてゆく。

裏通りには、さまざまな物売りたちが行き来する。石焼芋屋。玄米パン屋。抽出しだらけの煮豆屋。天秤かついで納豆屋。ラッパ鳴らして豆腐屋。ピーと鳴るのは煙管掃除の羅宇屋《らうや》。夏場は風鈴の音もにぎやかに金魚屋。天秤しなわせ簞笥の引き手をザッザッ鳴らして薬売りの定斎屋《じょさいや》。手桶ひとつを提げ粋な姿の男衆が口でギュッギュッ鳴らしてゆくのは海ホオズキ屋で、お客は芸者置屋や料理屋の姐さんたち。男衆の口の脇に鳴らし癖の深い皺があるのでした。

いうならば物資流通の、江戸から明治・大正・昭和の発達史が、入り混じって日々に往来していた。貧しげな小商いだらけといわばいえ、それほど多彩な明け暮れこそは、都会の魅力ではありませんか。

くらべれば平成のこんにちは、いっさいが便利重宝に衣食足りて清潔に、ひとまず天国みたいな環境ながら。朝に夕に騒音に満ち、大群衆が寄せては返す通勤地獄は、奇怪なほどに単調な洛中洛外図ではあるまいか。

震災復興が生んだトタン張り

裏通りには、戸口に盛り塩の小料理屋や、格子戸の芸者置屋もならんでいたが。表通りの二階屋はおおかた洋館風の四角い構えでした。シンプルなのやごてごてしたのや、家ごとにけっこうデザインに凝っていた。

これがじつは、表側だけをモルタルや銅板張りで仕立てたので、実体はトタン屋根の木造家屋だ。デパートの屋上などからみおろせば一目瞭然でした。

これを偽物と痛撃する意見はあった。昭和十五（一九

銀座から京橋通りの眺め。架かっている橋が京橋。

四〇）年春に私は泰明を卒業して、新宿の中学校へ進学した。すると級友たちがほとんど郊外族、つまり東京の西側に住む連中で、東の下町から通うのはごく少数、なにかとカルチュアショックでしたが。あるとき国語の時間に先生が、どんな話の運びだったか銀座通りをコキおろした。西洋かぶれの偽物の街だと唾棄する口調で。

生真面目な先生で尊敬していたので、ショックでした。わが家は小さな自動車屋で、ガレージも外壁も屋根もトタン張り、夕立がくるとけたたましかった。その外壁のトタンが赤煉瓦を積みあげた図柄で、とはいえ誰が見違えもしまいが、インチキであることはある。

以来、引け目を抱いて幾星霜。やがて藤森照信氏があらわれて、そのインチキな建物群に「看板建築」と名づけて興味を示された。大正震災の焼跡に立ちなおる町々が生んだ創意工夫。建て主と大工さん左官屋さんたちが頭をひねり腕をふるった昭和モダニズム。と見ればいっそ健気なものではないか。

その看板建築たちも、空襲でかなり焼け落ち、高度成長で建て替えられ、いまやほとんど消滅だが。見直してくださった藤森照信氏に、いまも私は感謝の念を抱いております。

弁士が活躍した活動写真もトーキーに

当時は、活動写真という言葉がまだ生きていた。封切館が映画館で、三番や四番館は活動小屋。低学年のころ母に手を引かれて行った新橋の松竹館では、活動弁士が語り、舞台の裾に楽隊がいた。

　ほどなくどこもオールトーキーになった。三番館あたりではその証拠の音声を、館外へひびかせて宣伝の具にしていました。

　八丁目の中通りの角に、とんがり屋根の全線座が落成したのは昭和十三（一九三八）年で、こけら落としが『オーケストラの少女』。兄と観にいって、館主の挨拶を聞いた。西洋のどこかの城を真似たとかで、それこそ西洋かぶれながら。堀端のその夢の館を難波橋の上から眺めると、いかにも姿が良かった。

　くらべれば銀座通りの七丁目にあったシネマ銀座は、封切館だが活動小屋的な造りでした。ここで『チャップリンの流線形時代』を兄と観て、肝が潰れるほどおもしろかった。原題が『モダン・タイムス』。ほんの一部分だけトーキーの無声映画でした。

　しかし映画館に再々は行けない。日ごろのなじみは紙芝居で、続きものだから見落とせず、日々一銭の小遣いがこれに消える。

　背広姿のスマートなおじさんが拍子木を打って回り、八官神社の境内に自転車を立てた。猫の額の境内が子供らで満員になるぐらいの人気はあった。ある日暮れ、そのおじさんが女連れで並木通りを歩いているのを、数人の子供らがみつけた。ワァ紙芝居屋さんだぁと群がり寄ると、大慌てに逃げ去ったという。

　それきり姿を消し、代わってジャンパー姿のガニ股のおじさんが、裏の板新道に自転車を立てた。ややらんぼうなおじさんで気に食わないが、そのうち互いに慣れてしまった。

　後年に思うに、あの背広のおじさんは、失業した活動

©MARY EVANS/amanaimages

関東大震災で焼失し、大正13（1924）年に再建された歌舞伎座。だがこの建物も昭和20（1945）年5月の空襲で外郭を残して焼失した。

弁士であったのかもしれません。

ふしぎに空襲から生き残った映画街

後年のことを申せば、敗戦後の焼跡闇市時代に『チャップリンの黄金狂時代』を観た。空襲で焼ビルになった新宿武蔵野館で。一階は縁台が数脚置いてあるだけの立ち見、二階は階段状のヘリに敷いた板に腰掛ける。それでも大入りで焼けビルがゆらぐほどに笑いどよめいた。とりわけチャップリンが靴を煮てナイフとフォークで食うくだりなどは。観客一同が飢餓線上の日々でしたもの。

空襲で銀座は、一丁目から六丁目まではあらかた焼けたが、七丁目八丁目と、築地や明石町界隈はあんがいに無事。丸之内も日比谷映画館街もふしぎに無事でした。

敗戦後は、そこらの劇場でつぎつぎにめざましいものが上演された。新劇『桜の園』が山下橋のさきの有楽座で。バレー『白鳥の湖』はお堀端の帝劇で。歌舞伎『助六《すけろく》由縁《ゆかりの》江戸《えど》桜《さくら》』は万年橋の袂の東劇で。そのたびに痛感する。この世にこんなすてきなもの

昭和19（1944）年の銀座通り。

があったのか！

戦争中の鬼畜米英時代は、まったくなにもかも貧しかった。地球上にひろがるさまざまな風俗、文化の多様性を認めあってこその豊かさでしょう。それを敵視し空襲をくりかえし、報復のテロを招く重ね重ねの貧しさを、どこまでわれらは引きずってゆくのだろう。

橋の地名だけが残った戦後復興

こんにちの銀座通りは、ビルまたビルがいっせいにそびえたって肩をならべた。さらに十階以上へ、背伸び競争に突入している。

デパートの八階建てが四周をみくだしていた頃をおもえば、まさに大変貌。ではありますが、それでも銀座は、やっぱり銀座さ。

第一に服部和光がびくともせず、時刻ごとに時計塔の鐘が鳴る。ならびの

パンの木村屋、山野楽器、御木本真珠、そして教文館。向かいの三越も、ネクタイの田屋も。相も変わらず枚挙しきれぬ老舗の実力です。

なによりも銀座八丁の縦横の道筋が変わらない。電車のレールが消え路地が潰れたりはしているが、たとえば土橋の袂から泰明小学校へ六年間通った道筋そのものは、あのころのまんま。ほんと。そこらをぶらぶら歩けばいまもなお安らぎをおぼえます。大正震災後に、未来を見越して区画整理を断行した帝都復興計画は、つくづく偉業でありました。

ひきくらべて戦後の焦土からの復興計画は失敗だった。なにせ無い無い尽くしの敗戦国ゆえやむを得なかったにはせよ。

第一に三十間堀を埋立てたことだな。焦土のがらくたをぶち込んでかたづけ、地べたもできたのに味をしめ、以後、銀座日本橋界隈の堀が次々に姿を消す。昭和三十九（一九六四）年の東京オリンピック事業で、銀座の四周の堀はついに消え、高速道路に化けてしまった。

水運から陸運へ時勢の赴くままに。ために万事の流通円滑に、めでたしめでたし。とは申せ、大江戸このかたの下町から堀が消えたのは、鹿ならツノが折れ、孔雀なら尾羽根が抜けたようなものではなかろうか。

堀には橋がかかり、橋の名をいえば地理方角の見当がついた。この小文を、そのように私は記してみました。これで往時は通用した、というささやかな見本までに。

念のため注記すれば、数寄屋橋は晴海通りが東京高速道路をくぐるところ。京橋は銀座通りの北端、新橋は南端で、東京高速道路をくぐるところ。土橋は外堀通りが銀座の南西端で東京高速道路をくぐるところ。難波橋は並木通りが南端で東京高速道路をくぐるところ。山下橋はみゆき通りが泰明小学校の西で東京高速道路をくぐるところ。万年橋は晴海通りが首都高速都心環状線をまたぐところ。

以上、かえって煩わしいですか。いまの銀座の地理は、こんなふうに野暮なんだ。

働く人々

大正期に生まれた会社への勤め人、いわゆるサラリーマンは昭和に入ると一般化した。他方、昭和初期の恐慌によって、農林漁村は極度の貧困に見舞われた。

右上｜コイルを巻き付ける作業をする工場の作業員たち（昭和２年）。英語キャプションに「Shibaura Engineering Works」とあり、芝浦製作所（後の東芝）の工場か。
右下｜警察の指紋鑑定人（昭和15年頃）。
左上｜山形県の鷹狩の一行（昭和15年頃）。

©MARY EVANS/amanaimages（3点とも）

物売り三態

右｜しめ縄売り（昭和７年）。
上｜神社で厄除けのお守りを売る老人（昭和５年頃）。
左｜焼き芋売り（昭和７年）。

ちんどん屋

商店の開店や売り出し、催しなどを宣伝するために、太鼓やクラリネットなどの楽器を奏でて人目を引きながら街を練り歩くちんどん屋（昭和７年）。江戸末期、大阪の寄席の客寄せから始まったといわれるちんどん屋は、明治期には音楽隊が加わった。昭和初期は映画がトーキーとなり、職を失った楽士たちも参入してきた。

昭和の子どもたち

昭和六（一九三一）年に満州事変が起こり日本は「戦争の時代」へと突入したが、世相は決して暗いばかりのものではなく、子どもたちは伸び伸びと子ども社会を謳歌していた。

©CORBIS/amanaimages（右上） ©MARY EVANS/amanaimages（右下、左上、左下）

右上｜陸軍の将軍や海軍の提督の格好を真似た幼い子たち（昭和12年）。日中戦争が始まった年である。
右下｜野球を楽しむ学生（昭和7年）。
左上｜図書館に集まる児童（昭和7年）。
左下｜人形で遊ぶ女の子たち（昭和7年）。

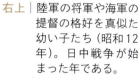

昭和戦前期の出来事

昭和の恐慌とともに世の中には不穏な空気が流れ、為政者に対する直接行動、つまりはテロやクーデターが横行する。

昭和五（一九三〇）年十一月十四日、浜口《はまぐち》雄幸《おさち》首相が東京駅で二十三歳の青年に狙撃された。弾丸は下腹部に当たり命だけはとりとめたものの、その傷がもとで浜口は翌年の八月に息をひきとった。犯人の佐郷屋《さごうや》留雄《とめお》は右翼団体・愛国社の同人であり、浜口内閣の金解禁政策が日本を不況に陥れたとして、凶行におよんだ。

裁判では死刑判決が出されたが、皇太子誕生の祝事を理由に減刑され、さらに昭和十五（一九四〇）年の紀元二千六百年祝典で刑期が十五年に短縮され、同年、仮出獄した。

浜口首相襲撃

右上｜東京駅のホームで狙撃された直後の浜口首相。
左上｜狙撃犯を引きずる警察官と群衆。
左下｜法廷に入る犯人の佐郷屋留雄。

ツェッペリン号来日

東京に飛来した世界最大の飛行船「ツェッペリン号」。昭和4（1929）年8月15日、世界一周のためにドイツを出発し、100時間かからず19日夕方に東京上空に姿を現した。20日間で世界周航に成功した。

紀元2600年祝典

神武天皇が即位して2600年にあたるといわれる昭和15(1940)年、紀元2600年祝典が日本全国で催された。写真は神宮外苑競技場の祝典で披露された女子学生による「2600」の人文字。

上｜騒乱に包まれた永田町一帯。右奥の参謀本部を経て左奥の国会議事堂に向かって、兵士たちの隊列が続く。

左｜反乱軍を鎮圧するため、東京に到着した千葉県佐倉の歩兵第57連隊。

2・26事件

昭和十一（一九三六）年二月二十六日、雪の帝都東京に衝撃が走った。「昭和維新」を掲げる一部の青年将校たちが千五百余名の兵士を率いて、首相官邸や警視庁、政府中枢機関を占拠した。岡田啓介首相、鈴木貫太郎侍従長、高橋是清《たかはしこれきよ》蔵相、斎藤実《さいとうまこと》内大臣、渡辺錠《わたなべじょう》太郎《たろう》教育総監、牧野伸顕前内大臣らが襲撃され、高橋、斎藤、渡辺は命を落とした。

東京には戒厳令が敷かれ、緊迫した雰囲気に包まれた。あわや同じ帝国陸軍内の決起軍と鎮圧軍による同士討ちという事態になったが、衝突寸前で決起軍が帰順したため、四日間のクーデターは幕を閉じた。

日本を訪れた著名人

戦前の日本にはスポーツ選手から、政治家、役者など多くの有名人が訪れている。写真で紹介した人たちの他に、チャップリンやヘレン・ケラー、ジャン・コクトー、孫文などが来日した。

ベーブ・ルース

（1895〜1948）：22年間に714本の本塁打を記録した大リーグの英雄

昭和9（1934）年秋、ベーブ・ルースやルー・ゲーリッグらを中心とした大リーグ選抜が来日した。ベーブ・ルースらは各地で大歓迎を受け、大リーグ選抜は16戦して全勝だった。このシリーズで日本に野球人気が高まり、この時のメンバーの沢村栄治らを中心として、年末に大日本東京野球倶楽部が結成された。

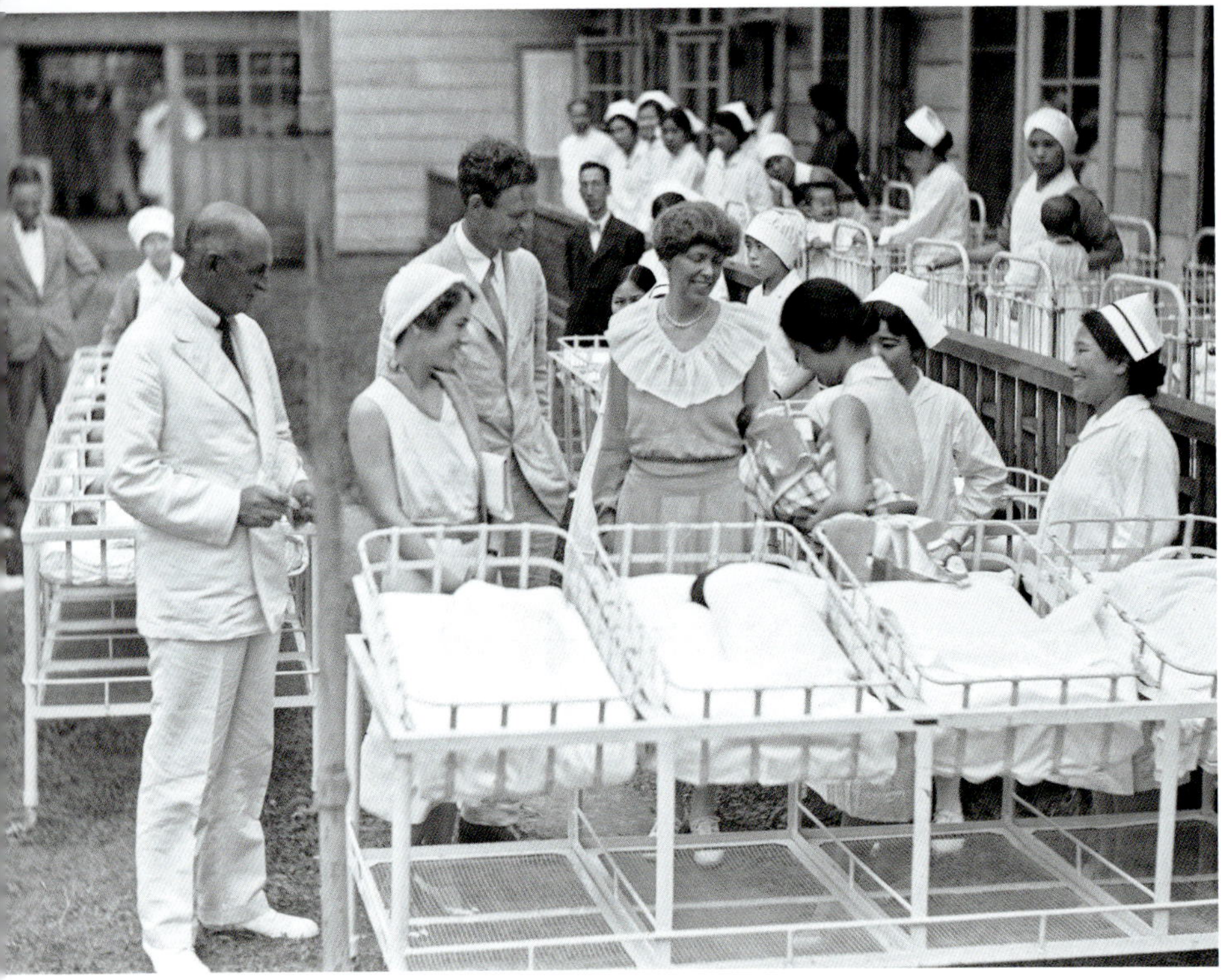

チャールズ・リンドバーグ（1902〜1974）：ニューヨーク・パリ間の大西洋横断無着陸飛行に成功したアメリカの飛行家。

愛新覚羅溥儀(1906~1967):

清朝最後の皇帝・宣統帝。満州国の建国に伴い執政となり、帝政が敷かれると皇帝となる。

上｜昭和10（1935）年4月、前年に皇帝に即位した溥儀は日本を訪問した。日本と満州の一体化の象徴として溥儀は最大級のもてなしを受けた。昭和天皇が東京駅のプラットフォームまで出迎えたのも異例で、その後も昭和天皇と皇帝溥儀が「同格」であると印象づける演出がなされた。

右上｜昭和6（1931）年8月26日、アン夫人を無電技士として伴い、ワシントンから29日かけて霞ヶ浦に無事着水した。今回は北太平洋ルートを調査・開拓するのが目的で、大西洋横断の無着陸飛行ではなかった。

右下｜東京の聖路加病院を訪問したリンドバーグ夫妻。

戦争の時代、天皇と日本人は海外からどう見られていたのか

戦時下、日本人は海外の人々から「狂信的な天皇崇拝者」といった印象で見られていた。戦争とともに国際社会から孤立した日本がそれを改める機会は、敗戦を待たなければならなかった。

ノンフィクション作家　保阪正康

©CORBIS/amanaimages

戦争とともに減少した海外王室との交流

昭和天皇の生涯を丹念に辿った『昭和天皇実録』が刊行されたのは、平成二十六（二〇一四）年九月のことである。宮内庁は二十四年をかけて一万二千頁もの書を編んだことになるが、この書は「国」が昭和天皇の事績を次代に残すための歴史書の意味をもっていた。反面、昭和天皇の生きた時代、つまり明治三十四（一九〇一）年から昭和六十四（一九八九）年の日本の姿が浮きぼりになるともいえる。

外国が近代日本をどう見ていたか。あるいは昭和天皇はどう見られていたか、などは直接には記述はないにせよ、「戦時下」という時代にはそれほど好感をもってみられていたわけではない、と窺わせる記述があるようにも思う。たとえば一月一日の元日は、国家の元首、あるいは皇室と王室が新年を祝うメッセージを交換するのが常なのだが、これが戦争が激しくなるにつれ、極端なまでに狭まっていくのである。

たとえば開戦の年（昭和十六年）の一月一日を見ると、十三ヵ国（イギリス、ギリシア、ノルウェー、満州国、ベルギーの王室や政治的元首など）から祝電が届いていると記述されている。ところが昭和十七

戦時中の天皇は陸海軍を統帥する大元帥だった。

（一九四二）年一月一日に入るところの数は十一カ国に、十八（一九四三）年、十九（一九四四）年になるとさらに減っていき、二十（一九四五）年（つまり敗戦の年）ではわずか八ヵ国となっている。これらの国は、ヨーロッパではスウェーデン、ギリシアなど王室健在の国とナチス・ドイツに占領されている国だという点に特徴がある。国際社会では戦争を経るにつれ少なくなっていき、孤立という状態がふさわしい。

「天皇を崇める狂信的な日本人」という像

日本は太平洋戦争ではきわめて特異な存在であった。ドイツ・イタリアとともに三ヵ国同盟を結んでいて、連合国の国々とは対立し

鉱物の展示を眺める昭和天皇（昭和６年）。自然科学の研究者という一面も持っていた。

ていく。最終的に昭和二十年八月の敗戦時には、日本単独で世界の八十カ国近くと戦っていたといっていい。昭和二十年五月にドイツが敗れたあと、世界各国と戦火を交えていたのは日本だけで、これほどの国と戦っていたのにはそれなりの理由があった。アメリカは、日本の孤立を印象づけるために、南米の小国にも戦争への参加を呼びかけ、対日宣戦布告を促した。日本とは直接に国交のない国も、アメリカからの経済援助と引きかえに対日宣戦を決議することになったのだ。

第二次大戦末期、日本国と天皇、そして国民が世界各国と敵対関係になったといってよかった。八月十五日に戦争が終結したあとも、日本は嫌われ、憎まれていたことは否めない。とくに天皇を神として崇める日本人の精神は侮蔑の対象になったといっていいだろう。人命を何とも思わない特攻作戦や玉砕作戦は、日本人の歪んだ精神として、各国ではしばしば大きくとりあげられている。

戦後、「人間宣言」を行い全国巡幸に出た昭和天皇。行く先々で絶大な人気を集めた。

戦争直後のアメリカでの世論調査によれば、天皇を死刑にすべきとの声は八割近くに及んでいたといわれているほどだ。

日本がポツダム宣言を受諾して敗戦を受け入れたあと、アメリカを中心とする連合国の占領支配を受け入れた。そのときGHQ（連合国軍総司令部）の将校たちは、いかにして天皇を「神」の地位から「人間」の地位に引き戻すか、日本国民にどう指導していくかに頭を悩ませている。日本に取材に訪れた記者たちは、天皇へのインタビューをGHQに要求するのだが、それもなかなかうまくいかない。そうした記者の一人だったマーク・ゲインは、その著（『ニッポン日記』）の中に、次のように書いている。

「（GHQの将校たちは）一般国民が投獄されるおそれなしに天皇を批判できる様な状態を創り出す指令を何週間も研究」したというのであった。

結局妙案は見あたらず、アメリカの三省（国務、陸軍、海軍）委員会は、GHQの最高司令官であるマッカーサーに対して、極秘の指令を送った。その指令とは次のような内容であったと、ゲインは著書の中に書いている。

「天皇制に対する直接の攻撃は民主的要素を弱め、反対に共産主義ならびに軍国主義の両極端を強化する。故に総司令官は、天皇の世望をひろめ且つ人間化することを極秘裏に援助するよう命令される。以上のことは日本国民に感知されてはならない」

アメリカは太平洋戦争下の日本軍の戦いを狂信的と見ていて、これは天皇を神と見ているからだと結論づけ、そのうえでこの狂信から解放しなければいつまでも危険な国であると考えていたことがわかってくる。

昭和に入って現れた謀略と人命軽視

近代日本にあって、明治天皇、大正天皇の時代は、日本人にはそのような狂信性があるとは見ていなかった。たとえば大正三（一九一四）年〜七（一九一八）年の第一次世界大戦では、捕虜の扱いなどではむしろ列国の模範になると受け止めていたのである。さらにその前の日露戦争では、すべての戦闘にというわけではなかったにせよ、武士道精神を幾つかの戦闘では認めていたのである。

それがなぜ昭和に入っての戦争では、世界でも嫌われるような国家になってしまったのだろうか。そのことを具体的に確かめていくと、すぐに二つのことに気づかされる。そのひとつは、謀略で戦争を始めたことである。とくに昭和三（一九二八）年の満州某重大事件（北洋軍閥の指導者・張作霖の暗殺）、六（一九三一）年の満州事変などは関東軍による謀略で、それが国際社会で批判を集めているのに、日本は一切知らぬふりを続けた。

日本国民はこれらの事変を戦争が終わるまで、まったく知らなかった。むしろ日本はいわれのない批判を浴びていると受け止めていたのだ。つけ加えればこうした謀略について、天皇にも正確な情報を伝えられていないために、日本国内には奇妙な責任逃れの論が横行するようになったのである。

もうひとつは前述したことでもあるのだが、兵士の命を何とも思わないその非道な作戦計画にあった。特攻、玉砕という戦術は、現実に戦場で戦っている兵士を縛りつけるようになり、本来捕虜となって相手方に相応のダメージを与えるのが戦術のひとつなのに、そんなことを無視して戦いを続けた。

謀略と人命軽視。このことによってアメリカを中心とする連合国の間では、「太平洋戦争の敵国である日本は、野蛮で残酷な民族で構成されている国というイメージが固まる」（拙書『なぜ日本は〈嫌われ国家〉なのか』）ことになった。それはアメリカ、イギリス、中国、ソ連、フランスなどあらゆる国に定着していった。この点は確かに日本側にも非があることであり、昭和の時代の日本軍兵士の側が自省しなければならなかったのである。

だから太平洋戦争も末期になると、アメリカ軍の上級将校や参謀たちは、「ジャップ（保阪注・日本人のこと）と戦うときは、汚い手を使うことをためらうな。アメリカ人はたいてい子供のころから、ベルトより下を殴ってはならないと教わっている。（略）だが、ジャップはそんなことを習ってはいない」（ユージン・B・スレッジ『ペリリュー・沖縄戦記』）とまで訓示するようになる。こんな悪評が日本兵と戦うアメリカの兵士の間には広まっていたのである。

イギリス人の天皇観をかえた皇太子の訪英

第二次世界大戦で英国を指揮したイギリスのチャーチル首相は、戦後になって『第二次世界大戦』という書を刊行している。これを読むとチャーチルは、日本のことを見抜いていたことがわかる。第二次世界大戦を勝利の段階へと進めたのは、チャーチルの指導者としての戦略が巧みだったからである。チャーチルは、日本がアメリカに向けて、戦争を始めるのは無謀だったと問い、日本がなぜこれほど増上慢になってしまったのか、それは客観的な分析に欠けていたうえに、「戦争を予言する先祖の声」を聞いたためだろうと指摘している。この場合の「先祖の声」とは、十三世紀に蒙古襲来を防ぎ、逆に相手には大きな被害を与えたという攻撃を想定している。

チャーチルはその「先祖の声」につき動かされて主体性を失っている日本軍の姿は、とくに恐るるにたらずと喝破していたように思われるのだ。

やはりイギリスの軍人エリック・W・バートン少将は、第二次世界大戦下で日本軍と戦火を交えたのだが、その体験をとおして「イギリス人は全体に日本人を知らなかった。真珠湾に攻撃を仕かけ、われわれやアメリカ軍と戦争状態になっても深くは知らなかった。イギリス社会が日本人を憎むようになったのは、イギリス軍の捕虜に対する扱いがひどすぎると知ってからです。（バターン死の行進などは）決して許されることではないのです」と語っている。

たぶんこれがイギリス人の日本観、あるいは天皇観といってもよいのではないかと思われるのだ。太平洋戦争後のイギリス社会でも日本人と昭和天皇への見方は厳しかった。それは戦闘体験世代にはいつまでも記憶が残るという意味でもあった。

反面で、昭和二十八（一九五三）年のエリザベス女王の戴冠式には、昭和天皇にかわって皇太子（今上天皇）が出席したのだが、初めはイギリス世論も冷淡だった。新聞の扱いも皮肉に満ちていた。ところが皇太子の青年らしい言動やその意見に世論はしだいにかわっていった。チャーチル首相が晩餐会を開いて、まるで息子を慈しむように接待すると、やっと世論は冷淡から親しみにと転じた。この青年皇太子には戦争の責任はないとの意見が定着していったのである。

イギリス世論がまったく逆転して歓待するまでには至らなかったにせよ、日本社会のイメージは世代がかわればかわっていくことも教えることになった。

国際連盟脱退で世界から孤立

日本はドイツ、イタリアのファシズム国家とともに枢軸体制をつくり、それでアメリカやイギリス、それに中国などと戦ったわけだが、同盟国であるはずのドイツ、イタリアは日本人、日本社会、さらに天皇についてはどのような見方をしていたのだろうか。これまで知られているように、ヒトラーの著した『わが闘争』では、日本は劣等民族扱いされていて、アーリア民族などより文化的レベルもはるかに低いと書かれていた。ところが日本でこの書が訳されるときは、こうした部分はみごとに割愛されていたのである。

三国同盟を結び、日本とともに戦っているといっても、ヒトラーには日本に対する好感情は生まれていなかった。昭和十七（一九四二）年二月に日本はやっとシンガポール制圧に成功している。この報を聞いたときに、ヒトラーは側近たちに、「枢軸側の日本が勝ったことは喜ばしいが、あの黄色い猿どもが英国人を降伏させたことを考えると、俺は、ドイツの六個師団を、英国に貸してやりたかった気持がする」（大森実『ムッソリーニ』）と語ったという。

日本に対してのこうした発言は、ヒトラー関連の書でもときおり紹介されることがある。はっきりいえばヒトラーは、日本にはとくに好意をもっていたわけではなく、戦略的に日本を利用していたということであろう。ヒトラーがスターリンと突然結んだ不可侵条約（昭和十四年八月）、そしてこんどはそれを破って旧ソ連領に進出していった独ソ戦の開始（昭和十六年六月）など、いずれも日本は裏切られた状態になる。同盟国などというのは空手形であったのに、日本の軍事指導者たちはそれを認めたくないと、国民にウソをついていたことになる。

こうしたヒトラーの日本観を、的確に見抜いたのは、昭和天皇である。外相の松岡洋右がヒトラー、スターリンなどと会って同盟意識を強めてくる（昭和十六年四月）。しかし結果的にそれらはいずれも騙された形になっている。昭和天皇は戦後に語ったなかで、松岡はドイツから戻ってくるや「別人の様に非常な独逸びいきになった。恐らくは『ヒトラー』に買収でもされたのではないかと思はれる」（『昭和天皇独白録』）とまで酷評している。

日本社会は海外からどのように思われていたか、辿っていくと、つまりはある事実に気づいてくる。それは昭和八（一九三三）年に日本は国際連盟で国策としての満州政策が認められないといって、勢いの赴くままに脱退したという事実だ。このことは日本が国際的な場での発言の機会をまったく失ってしまうということであった。アメリカは国際連盟には入っていなかったし、ドイツもヒトラー政権になってから国際連盟を脱退している。しかしアメリカもドイツもこのころの世界を動かす主要国でもあり、新聞記者たちはワシントンやベルリンを訪ねるのを厭うわけではない。しかし日本は、そこまでの大国ではない。国際社会に自らの意見を発表する場をもっていなければ、各国との間での話し合いも進まない。

国際連盟を脱退するということは、われわれの意見を聞きたければ東京に来い、とすごんだことになる。しかし各国のメディアはそう簡単には日本には来ない。日本という国家が歪んで語られるようになったのは、昭和八年以降だという事実に、私たちは改めて注目しなければならない。

そして自省しなければならない。ここに多くの教訓が詰まっているからである。

戦前の暮らし

昭和初期、日本にはアメリカ文化、つまりカフェやジャズ、ダンスなど刹那的な消費文化と自動車、飛行機、映画、ラジオなど文明の利器を利用した機械文明が流入した。

モガ（モダンガールの略）

アメリカ文化へのあこがれがモガを生み出し、街中（右）や遊戯施設（上）、海辺（左）にもモガは姿を現した（昭和７年）。

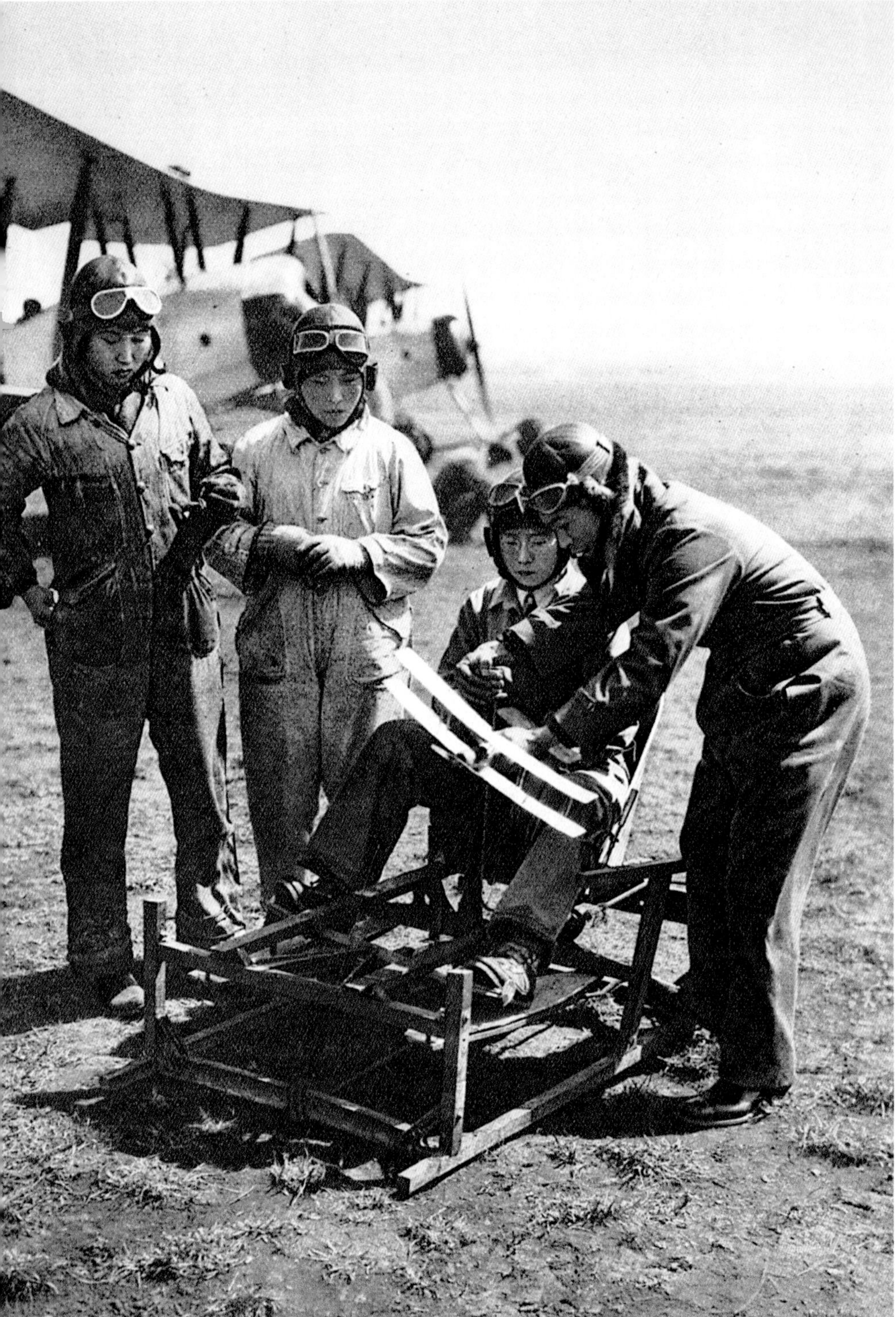

新技術

右｜航空機の運転講習を受ける見習いパイロットたち。右の指導者を除き３人とも女性か。

左｜手動式の交通整理器（昭和７年ころ）。昭和５（1930）年に日比谷交差点に日本で初めての自動交通信号機が設置されたが、歩行者は色による交通信号を理解していなかったため、なかなか浸透しなかった。

庶民の日常

右上｜羽根つきをして遊ぶ女子学生たち（昭和３年）。
右下｜不景気を打開するために、禁煙をすすめるキャンペーン。煙草をやめて精力的に働こうということか（昭和５年ころ）。
上｜お昼休みに国会議事堂に向かって集団でラジオ体操を行う（昭和15年10月）。ラジオ体操は昭和３（1928）年、NHKのラジオ放送で「国民保健体操」という名称で始まった。その後、東京・神田の１人の警察官が始めた子どもたちの朝のラジオ体操会が広く普及し、日中戦争が始まると国は集団的な国民精神の高揚に役立つとの観点からラジオ体操を重視した。

上｜女性工員100人を含む東洋モスリンの従業員300人によるストライキ。不況による産業合理化の波が紡績業界にも及び、賃金カット・大量の人員整理に反対するストライキが昭和5（1930）年に頻発した。

下｜昭和6（1931）年のメーデーに集結した労働者たち。この年は戦前最高の2456件の労働争議が起こった。

一見デモのようだが、日本勧業銀行が発行する割増金付き債券を求めて列をなす群衆である（昭和11年）。現在、みずほ銀行が幹事銀行を務める宝くじの前身のようなものである。

デモとスト

上｜宮城前広場で皇居に向かって礼をする女性たちのグループ(昭和10年)。

右｜若い兵士たちの行進(昭和12年)。

左上｜訓練をする女子学生。

左下｜ガスマスクをつけて仕事をする電話交換手(昭和9年)。

戦争へと向かう臣民たち

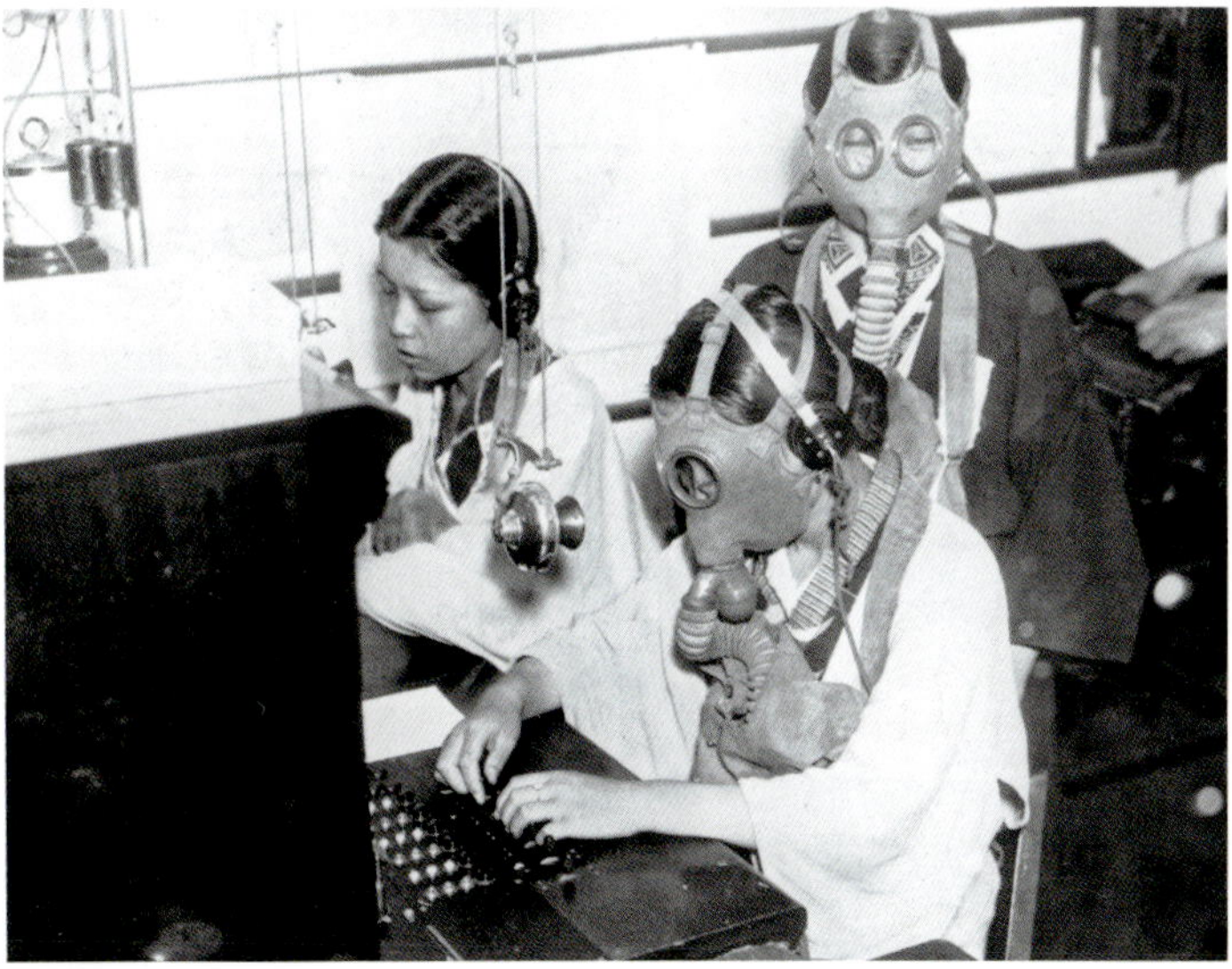

空襲訓練でガスマスクをつけて偽の死体を運ぶお坊さん（昭和16年12月）。

解説

太平洋戦争

昭和十二(一九三七)年から中国大陸で続いていた日中戦争は泥沼と化し、日本は中国を背後で支えるアメリカやイギリスに宣戦布告し、太平洋戦争が勃発した。

本土空襲

戦争末期には日本本土も米軍の空襲にさらされた。昭和十九（一九四四）年後半は軍需工場などを狙った精密爆撃だったが、昭和二十（一九四五）年三月十日の東京大空襲以降は、都市への無差別空襲が立て続けに行われた。

上／焦土と化した東京。三月十日の大空襲では約十万人が亡くなった。

上｜横浜上空で無数の焼夷弾を投下するB29。５月29日の大空襲では2500トン以上の焼夷弾が落とされた。
下｜炎上する横浜市。下の円形は根岸の旧競馬場。

右／炎上する神戸港のドック地帯。兵器工場地帯だった神戸は三度の大空襲で破壊しつくされた。

原爆投下

昭和二十年八月、人類史上初めて原子爆弾が実戦で使用された。アメリカは二十億ドル以上といわれる資金を「マンハッタン計画」に投入し、原子爆弾を完成させた。

アメリカは当初から攻撃目標を日本に定めていた。投下候補地には広島、長崎のほか、小倉、新潟も挙がっていた。トルーマン米大統領はソ連が対日参戦するまえに日本を降伏させるために原爆投下を許可し、八月六日、広島にウラニウム爆弾「リトルボーイ」が投下された。その三日後の八月九日は、当初、小倉が標的とされていたが上空に雲がかかっていたため、目標が長崎に変更され、広島のウラニウム爆弾より六割ほど威力が大きいプルトニウム爆弾「ファットマン」が雲間から投下された。

原爆の犠牲者数は放射能を浴びて数

年後に亡くなる人も多く、正確に出すことは難しいが、昭和二十年末までで広島約十四万人、長崎七万人という数字がある。

右上｜原爆投下後の広島。右に見えるのは、以降「原爆ドーム」と呼ばれる産業奨励館。
左上｜原爆で破壊しつくされた長崎。
左下｜瓦礫を拾い集めて建てられた小屋が見える（長崎・昭和20年9月）。

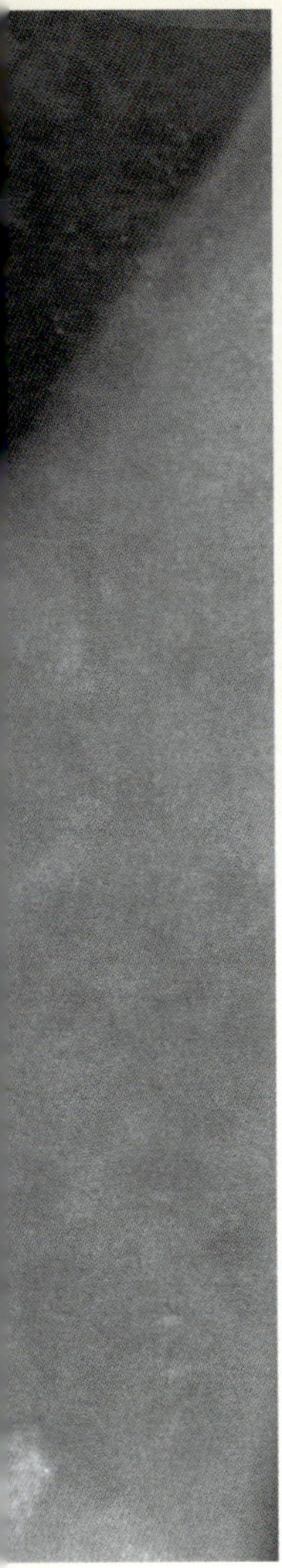

右上｜体当たり専用の人間ロケット爆弾「桜花」。つまり翼のついた大型爆弾を人間が操縦して搭乗員もろとも敵艦に体当たりするのである。「桜花」は単独では飛び立つことができず、他の攻撃機の胴体に取り付けられて目標を発見してから切り離してもらうのである。米軍は「桜花」を「BAKA」と呼んでいた。

左上｜米戦艦「ミズーリ」に体当たり寸前の特攻機。

左下｜出撃前に記念撮影をする特攻隊員。

特攻

戦局が悪化し、いよいよ通常の戦術ではアメリカを中心とする連合国に太刀打ちできなくなった昭和十九（一九四四）年十月、フィリピンの攻防戦で体当たり特攻隊が編成された。海軍の神風《しんぷう》特攻隊が出撃し、米護衛空母を撃沈するという成果を挙げた。その後、特攻は陸軍でも行われ、陸海軍ともに特攻が常態化していく。沖縄戦にも多数の特攻機が出撃し、終戦までに三千三百人以上が特攻で亡くなったといわれる。

特攻隊員の大半は十八歳から二十二歳くらいの若い軍人たちで、彼らは命と引き換えに体当りして爆弾を命中させるという決死の攻撃法で散っていった。しかし、実態は航空機の性能や操縦技能の問題があり、敵艦に辿り着く前に力

尽きるものが多かったのも事実である。
「特攻の創始者」といわれる大西瀧治郎海軍中将は、生きて帰る見込みのない特攻を「統率の外道」と言った。

第4章

昭和・戦後

復興期

戦争の空襲で焼け野原となった日本はそれまでの軍国主義を捨て、ゼロからのスタートを切った。それは、今を生きるだけで精一杯の極限状態からの再出発だった。

焼け野原

焦土となった街を
歩く人々（昭和20年）。

©CORBIS/amanaimages（3点とも）

飢餓との戦い

右｜廃自動車の中で食事をとる家族（昭和22年11月6日）。

上｜配給手帳を持参して配給を待つ女性とその家族（昭和20年9月21日）。

左｜家を焼かれ、上野駅付近の路上で飢えに耐える人々（昭和20年10月19日）。

上｜日本の降伏文書にサインをする連合国軍最高司令官のダグラス・マッカーサー元帥（昭和20年9月2日）。GHQによる日本占領の始まりである。

下｜「THE GENERAL」（＝マッカーサー）を歓迎する黒船祭（昭和22年頃）。昭和9年から静岡県下田で行われているものか。

占領軍

上｜終戦直後、飛行機で物資が投下され、手を振る連合国の戦時捕虜たち。

下｜釈放され、フランス、アメリカ、イギリスとそれぞれの国旗を振って喜ぶ捕虜たち(昭和20年8月29日)。

MP

戦犯裁判

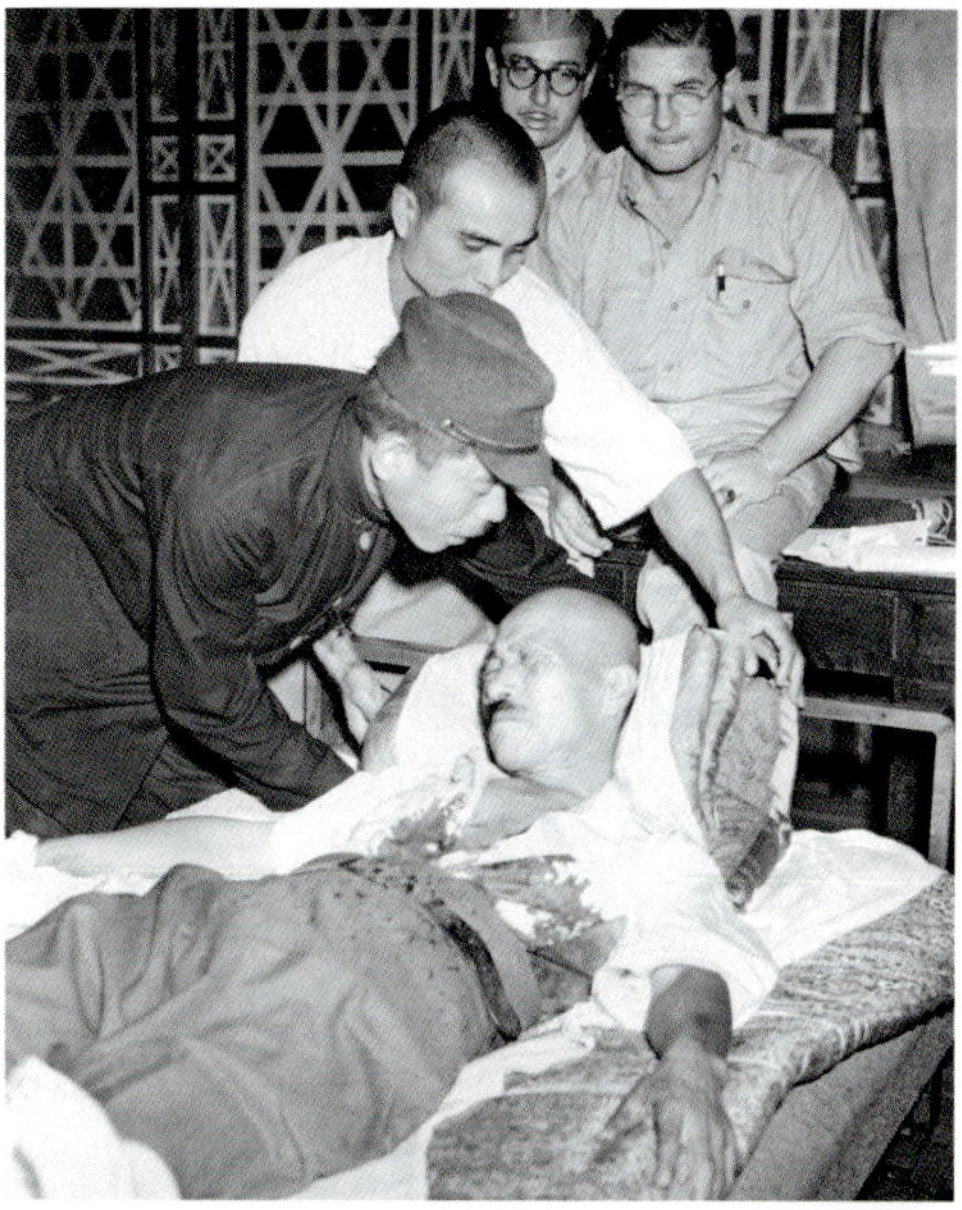

右｜旧陸軍士官学校の大講堂で開催された東京裁判（昭和21年4月1日）。

上｜A級戦犯に指名され自宅で自殺を図った（未遂に終わる）東條英機元首相（昭和20年9月）。

下｜連合国側に向けてプロパガンダ放送を行ったことで知られる「東京ローズ」として横浜刑務所に収容されるアイバ戸栗ダキノ（昭和20年10月25日）。

復興の兆し

右上｜店頭でミシンを見る女性（昭和21〜23年頃）。
右下｜化粧品などのショッピングを楽しむ女性（昭和26年8月）。
上｜「平和」「自由」「独立」「民主人民政権樹立」などを掲げるメーデーに集まった若者たち（昭和24年）。朝鮮民主主義人民共和国が成立したのは前年の9月。左手前のハリボテは当時、第3次内閣を組織していた吉田茂か。
下｜紙芝居に集まった子どもたち（昭和21年頃）。

　アメリカを中心とする進駐軍GHQの占領状態は七年弱続き、昭和二十七年四月二十八日、対日平和条約（サンフランシスコ平和条約）の発効とともに、日本は国際社会に復帰を果たした。同時に日米安全保障条約も発効し、日本はアメリカと同盟関係となり、西側諸国の一員として戦後経済を発展させていく。

上｜日本の独立間近となった昭和26年8月、かつて軍国主義の象徴として侵略地にもはためいていた日の丸が、戦後、生まれ変わった日本の象徴としてふたたび掲げられている。

左上｜独立から1年後のメーデーで「US GO HOME」を掲げて行進する人々。

左下｜カウボーイを装って西部劇ごっこをする日本の子どもたち(昭和28年6月)。

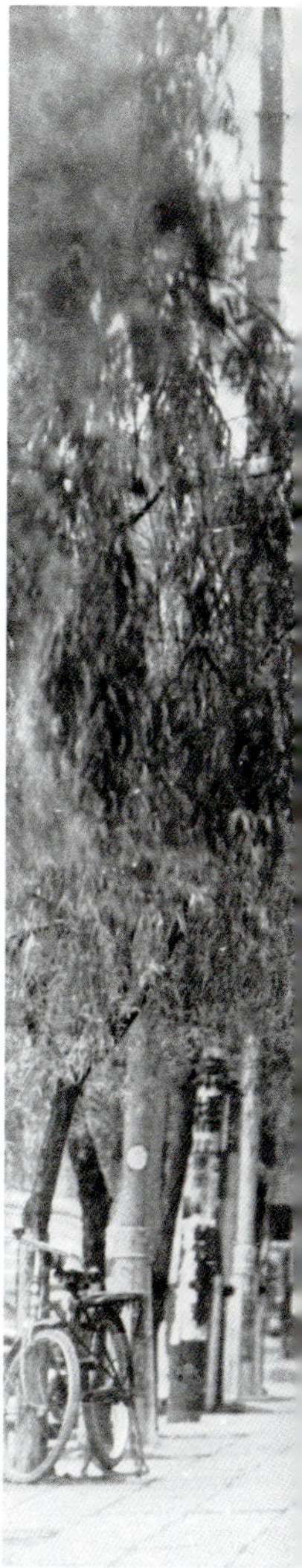

日章旗とアメリカ

世界に広がる「ヒロシマの火」

今から七十一年前、アメリカが開発した原子力爆弾が世界で初めて広島に投下された。核兵器による被害は人類の歴史を一変するほどのものだったが、その炎は一つの火種として福岡県の山奥でひっそりと燃え続け、平和への祈りを捧げていた。

ジャーナリスト　久保田誠一

広島と長崎のリハーサル

昭和二十（一九四五）年七月十六日午前五時三十分、米国南西部にあるニューメキシコ州のアラモゴードで閃光がきらめき、大音響とともにキノコ雲が舞いあがった。「本物」の太陽が昇る直前に「人工」の太陽が輝いたのである。人類初の核実験が成功した瞬間だった。

高さ百フィート（三十・五メートル）の鉄塔上に設置された重さ五キロのオレンジ色のプルトニウムの球体が爆発すると、あたり一帯は太陽が突然目の前に昇ってきたかのように輝き、閃光に続いて巨大な雷鳴が轟いた。火雲は世界の最高峰エベレストを越える上空一万二千五百メートルにまで達した。原子の心臓奥深く秘められていた莫大なエネルギーが地球上にかつて見られたことのない焔の爆発となって解き放たれたのである。人類は原子力時代を迎えると同時に核の脅威にさらされることになった。

原爆実験は広島と長崎へ、そしてもし日本がポツダム宣言を拒否した場合に三発目を投下するためのリハーサルだった。

「第一目標へ投下」とティベッツ機長

夜の帳に包まれたテニアン島の上空には降るような星空が広がっていた。八月六日午前一時三十七分、気象偵察機三機が闇の中を西の空に飛び立った。

午前二時四十五分、五トンの原爆（ウラニウム弾）を搭載したエノラ・ゲイ号（機長ポール・ティベッツ）が二千六百メートルの滑走路を最大限に使い機首を上げた。滑走路は日本が建設したものである。

エノラ・ゲイ（八十二号機）に続いて、観測機（八十九号機）、写真撮影機（九十一号機）が二分間隔で続いた。三機は硫黄島上空二千七百メートルで合流し、エノラ・ゲイを先頭に編隊を組み、四国方向に機首を向ける。

テニアンを離陸してから十五分後、原爆投下責任者ウイリアム・パーソンズ大佐が核分裂を起こすウラニウムの入った砲弾に電気点火装置を詰め込んだ。もっとも危険でスリルに富んだ作業が上昇中の機内で行われたのは、完成品を搭載して離陸に失敗した場合、原爆が炸裂してテニアン島全体が吹き飛んでしまいかねなかったからである。

広島、小倉、長崎の上空から気象観測機が午前六時、「目視爆撃可能」と暗号無線で知らせてきた。ティベッツは「第一」と一言。第一候補の広島に投下するという意思表示だった。これで広島の運命が決まった。

広島市上空五百六十七メートルで炸裂

午前八時十二分、エノラ・ゲイは目標から二十四キロの攻撃始点(IP)に到達し、投下作業を開始した。日本の戦闘機が緊急発進してくる気配はなかった。

八時十五分十七秒、高度九千メートルからリトルボーイ(ウラニウム爆弾の別称)を投下。爆弾は四十三秒後の八時十六分に市の中心部上空五百六十七メートルで炸裂した。

ティベッツは爆弾を投下するや否や機を左に百五十五度急旋回させながら急降下し、爆弾炸裂時には十三・八キロ離れた地点まで退避していた。

「炸裂の瞬間、部屋の中でマグネシウムの閃光が焚かれたかのようだった。目がくらんだ」とティベッツは回顧する。

後部射手が眼下に目をやると、巨大な紫色をした塊が輪になって押し寄せてくる。恐怖で目がくらみそうになりながら、仲間に知らせようとした。しかし、彼の絶叫は言葉にならなかった。エノラ・ゲイは間一髪、迫りくるキノコ雲から逃れたわけである。

事前の計画で投下時間は八時十五分と定められていた。ティベッツ機長は千七百マイル(二千七百二十キロ)を六時間半かけて飛行し、十七秒の誤差で目標を達成させた。「神業飛行」と称えられたゆえんである。

それだけではない。七月十六日、アラモゴードにおける人類初の核実験は地上百フィートに固定された爆弾を遠隔操作で炸裂させたものだったが、エノラ・ゲイの場合は時速二百マイル(三百二十キロ)で飛行しながら上空九千メートルから目標地点を「目視」確認し爆弾を投下、計画通りの高さで炸裂させた。難易度で云えば、「実験」と「本番」には格段の差があった。

広島と長崎に原爆が投下された理由

原爆が出来上がったらどこに投下するか。マンハッタン計画（原爆開発計画）の総括責任者レズリー・グローブス准将は昭和二十年五月二日に標的選定委員会を発足させ判断を仰いだ。委員会は最終的に次の四ヵ所を選んだ。

1―**小倉陸軍造兵廠**　日本における最大の弾薬工場の一つで、兵器および防衛資材の製造を行っており、鉄道操車場、機械工場、発電所に隣接している。

2―**広島**　陸軍の主要な積み出し港があり、海軍輸送船団の集合地。市内には陸軍司令部が置かれ、重工業施設の多くは市の中心地区に隣接している。

3―**新潟**　日本海に臨み、港の戦略的重要性が高い。アルミニウム精錬工場、鉄工所、重要な精油工場があり、タンカーの荷卸し港もある。

4―**京都**　人口百万の工業都市で、首都が置かれたこともある。付近の諸都市が破壊されるにつれて多数の避難民が流れ込んでいる。原爆から生ずる損害を計測するに十分な広さがあり、原爆の破壊力をしっかり確認できる。

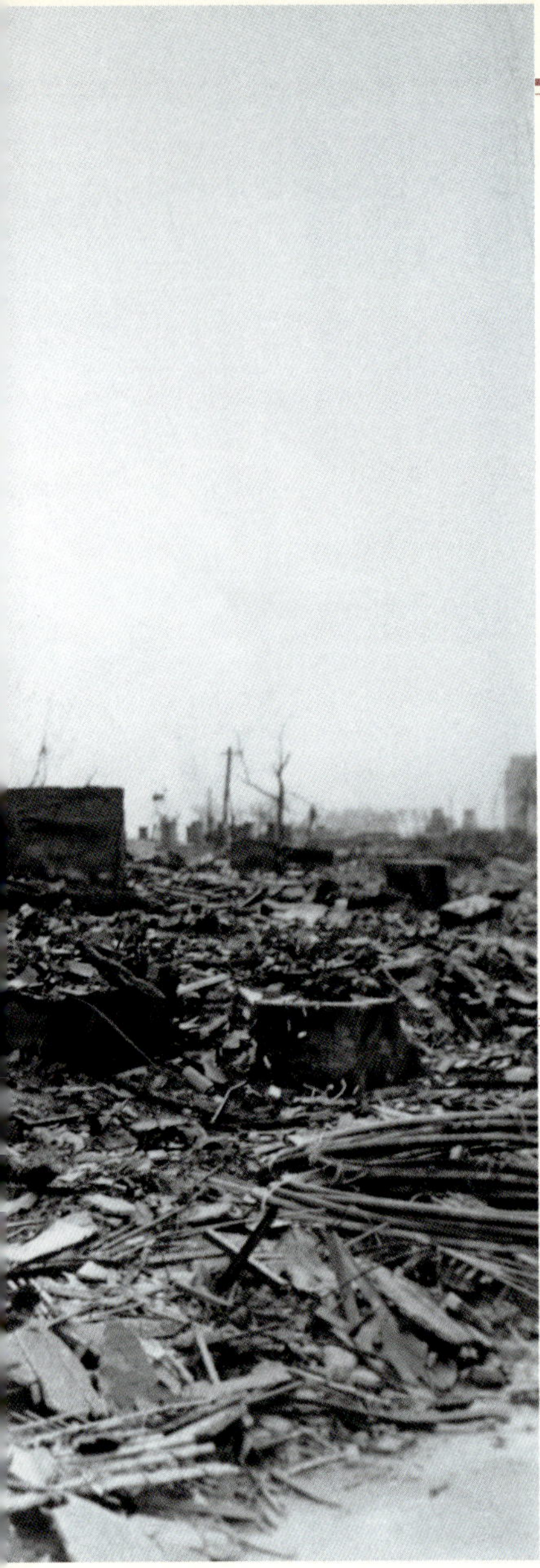

©CORBIS/amanaimages

原爆ドーム前の瓦礫に佇む男性。

復興始まるヒロシマ
昭和22年8月

グローブスは標的委員会の最終案に同意したが、スティムソン陸軍長官から「京都を標的にすることはまかりならぬ」とクレームが付いた。

スティムソンが京都に反対した理由は、ここが由緒のある聖都であり、日本国民の宗教に大きな意味を持っていることなどだった。彼自身フィリピン総督時代に京都を二度（昭和元年と四年）訪れていて、その古代文化に感銘を受けてもいた。

グローブスは「新爆弾の性能を試すには京都が最適である」との主張を執拗に繰り返し、ポツダム会談に大統領に同行していたスティムソンに「京都を標的地に加えたい」との電報を届けている。しかし、七月二十一日、「大統領も京都への原爆投下には反対している」との返答が届くに至って京都を断念せざるをえなかった。ここで広島がリストのトップに繰り上げられ、新たに長崎が加えられた。

八月九日午前三時五十分、原爆（プルトニウム弾）を搭載したボックスカー号（機長チャールズ・W・スウィーニー）は、観測機、写真撮影機を従えてテニアン

昭和24年8月

基地から小倉へ向かった。目標は陸軍造兵廠だったが、上空は靄と煤煙に覆われていたため長崎へ。ここにも厚い雲がかかっていた。

午前十時五十八分、ボックスカーは雲の中を目標地点とおぼしき方向に向けて降下していくと、ポッカリ穴が開くように視界が開けた空間があり、長崎の街が太陽に照らされてくっきり見えた。

十一時二分、ファットマン（プルトニウム弾の別称）は静かに機体を離れ、浦上のほぼ真中、二つの軍需兵器工場からほぼ等距離にある松山町交叉点から数十メートルと離れていない一点を目指して落下し、高度五百八十メートルで炸裂した。ボックスカーは往路で燃料を大量に消費し、テニアン島に帰還することは不可能な状態だった。スウィーニーは那覇の嘉手納基地になん

昭和29年8月

被爆から9年のヒロシマ

とか着陸できたが、燃料計はゼロを指していた。ボックスカーは原爆もろとも海中に藻屑となって消えるところだった。

広島、長崎への原爆投下による死没者の数は今でも正確には把握できていない。原爆戦没者名簿に記載されているのは、広島二十九万七千六百八十四人、長崎十六万八千七百六十七人（平成二十七年八月、両市被爆対策本部調査課調べ）だが、実数はかなり上回るとみられている。

カマドで燃やし続けた「ヒロシマの火」

平成二十六（二〇一四）年十二月十一日、私は人類初の原爆実験が行われた米ニューメキシコ州の南西部にあるアラモゴード陸軍射爆場（現在のホワイト・サンズ・ミサイル・レンジ）を訪れた。実験から七十年を経過した現場のルポを書く目的だった。その際、案内役の軍広報官から平成十七（二〇〇五）年に日本の僧侶がここに「ヒロシマの火」を持参して慰霊祭を行ったことを知らされた。調べてみると、地元の新聞「デイリーニュース」（平

昭和29年8月

成十七年八月十日号）の一面に爆心地に建てられたオベリスク（方尖塔）のわきで四人の僧侶が燃え上がる火に向かって手を合わせている写真が大きく掲載されていた。「広島から運ばれた『原爆の火』が六〇年を経過して原爆誕生地に戻って眠る」との説明が付いていた。

「広島の原爆の火とは？」――私は日本に帰って「火」を探すと、火種は福岡県八女《やめ》郡星野村の県境に近い農家にあることがわかった。

農家の主、山本達雄は三度目の召集を受け、広島から百三十キロほど離れた大乗村（現・竹原市）の陸軍船舶部隊（暁部隊）で連絡係として働いていた。

八月六日朝、いつものように列車で広島の近くにある部隊の本部に向かう途中、呉線千の坂駅と矢野駅の間で白っぽい閃光が走り、近くで爆弾が炸裂したような衝撃を受け、列車は動かなくなった。広島に原爆が落ちた瞬間だった。

山本は歩いて広島に向かった。叔父の山本彌助が市内革屋町で本屋を営んでおり、安否が気がかりだった。道路には黒こげの死体と全身にやけどを負って助けを求める人が重なりうめき声があちこちから聞こえてきた。助けてくださいと足にすがりついてくる人もいた。「生き地獄」の中を叔父を探し求めたが見つけ出せなかった。

終戦になり広島を去るときにもう一度叔父の店に行った。がれきをかき分けながら地下に降りてみると、ちょろちょろ火が燻っていた。息を吹きかけると、燃え上がった。出征する際に祖母キクが持たせてくれたカイロを奉公袋から取り出し、カイロ灰を炎に近づけるとすぐに燃え移った。

原爆投下から一ヵ月ほどして山本は家族が待つ星野村に戻った。叔父の遺品代わりに持ち帰ったカイロの火を祖母がカマドに移し一刻も絶やすことなく守り続けた。毎晩、寝る前に樫の生木をカマドに入れて灰を被せる。樫の棒は翌朝には炭になる。それに息を吹きかけて火を起こす。これがキクの日課になった。山本は「ヒロシマの火」が燃え続けていることは誰にも知らせなかった。「もし親が広島で原爆にあったと知られたら、子供の縁談に差し障るのではないか」――山本夫婦はそれが心配だった。

「恨みの火」から「平和の火」へ

朝日新聞久留米支局八女駐在の友松功一記者が山本家にやって来たのは昭和四十(一九六五)年暮れのことだった。「ヒロシマの火」を秘かに燃やし続けて二十年が経過していた。

彼は星野村役場を訪れて「新年用の記事にするような話題はありませんかね」と訊ねると、新茶を栽培する山本を紹介してくれた。二人の間で、火鉢を囲んで茶の話が弾んだ。その時に山本の口から思いもよらない言葉が出た。「これは広島原爆の火なんですよ」

口外しないと決めていた「秘密」を初対面の記者に打ち明けたのは、山本の心の中で「恨みの火」が「被爆者の供養の火」、「平和を祈る火」へと昇華しつつあったからだろう。

友松にとって茶どころではない。大ニュースである。山本家に十回以上通って細かなところまで取材した。彼のスクープ記事は昭和四十一(一九六六)年八月六日の朝刊一面を飾った。カマドと山本の写真が添えられていた。

右｜「ヒロシマの火」を燃やし続けた山本達雄氏。
上｜山本達雄氏の死後、釜で火を守る次男の拓道氏（2点とも山本拓道氏提供）。

朝日新聞（西部本社版）に掲載された記事は大きな反響を呼んだ。昭和四十三（一九六八）年八月六日、火は山本家から星野村役場前に建立された「平和の塔」に移された。そして、大分県中津市の神守寺、上野東照宮をはじめ全国各地の寺院などに分火された。

昭和六十三（一九八八）年にはニューヨークの国連本部で開催された軍縮特別総会に向けた平和の火リレーの主役を務めた。児童文学作品や合唱曲にもなり、英訳されて欧米にも紹介された。

広島、長崎への原爆投下から六十年経った平成十七年七月、核兵器廃絶を訴える日本の僧侶や米国の運動家らがサンフランシスコからニューメキシコの原爆実験場へ、星野村で採取された「原爆の火」を携えて二十四日間徒歩行進した。この模様は映画プロデューサー、マッド・テイラーによって映画化され、日本をはじめ欧米で上映されて話題を呼んだ。

私がニューメキシコの地元紙で目にした写真は徒歩行進のフィナーレとして爆心地で行われた儀式の模様だった。

星野村の原火は山本がなくなった後、次男の陶芸家山本拓道の窯の中で燃え続けている。

戦後事件簿

戦後復興期から高度経済成長期へ——。二十世紀後半、日本は世界に類を見ない勢いで復興を果たし、経済大国となった。そして激動の「昭和」が六十四年一月七日で終わり、「平成」が始まる。

1950年代

一九五〇（昭和二十五）年といえば、戦後五年にして朝鮮戦争が勃発した年である。警察予備隊が創設され、再軍備への道が開かれた。

戦後日本の方向性を定めた吉田茂内閣は一九五四（昭和二十九）年十二月まで続き、一九五六（昭和三十一）年には経済白書に「もはや戦後ではない」の文言が謳われた。同年、国連にも加盟し、一九五九（昭和三十四）年の皇太子ご成婚パレードをきっかけにテレビがお茶の間に普及した。

右上｜オープン・カーに乗った鳩山一郎首相が、前年に創設された自衛隊の戦車を視察（1955年10月）。

左上｜日比谷公園で行われた原水爆の禁止を求めるデモ（1958年4月）。

左下｜エッフェル塔に想を得て、1958（昭和33）年に建てられた東京タワー（1959年12月）。

1960（昭和35）10月12日、社会党委員長の浅沼稲次郎が日比谷公会堂での講演中、右翼の少年山口二矢に刺殺される。毎日新聞社の長尾靖カメラマンが撮影したこの写真は世界に配信され、日本人として初のピューリッァー賞を受賞した。

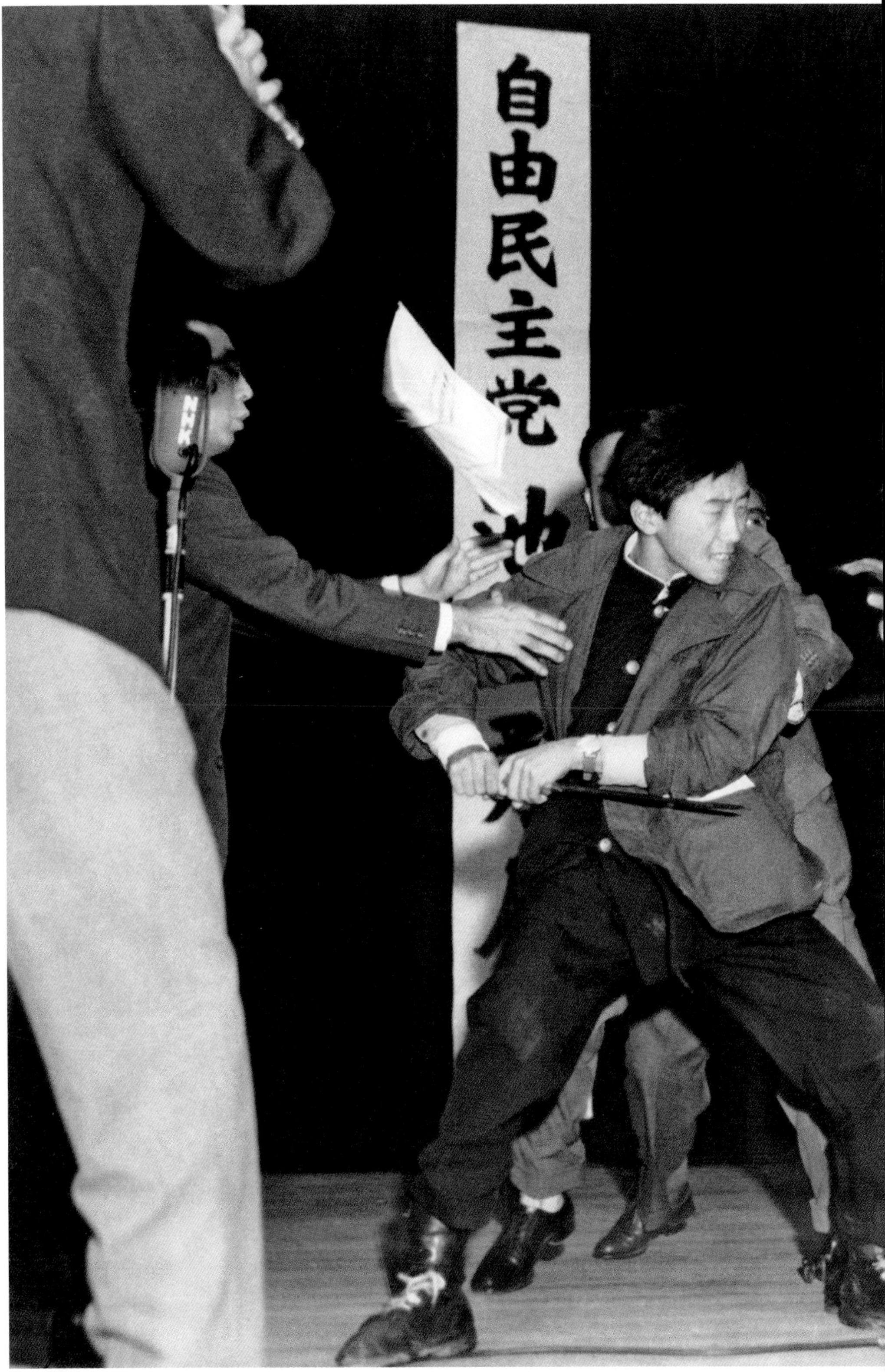
自由民主党
NHK

1960年代

安保条約改定阻止をめざす六十年安保で幕を開けた一九六〇年代、日本は年平均十パーセントを超える高度経済成長を成し遂げた。一九六四（昭和三十九）年の東京オリンピックに沸き返る一方で、公害が社会問題として浮かび上がった。　海外ではベトナムで冷戦を背景とした東西両陣営の代理戦争が勃発。六十年台後半にはパリの五月革命やアメリカのベトナム反戦運動に呼応するように、日本でも大学紛争が激化した。

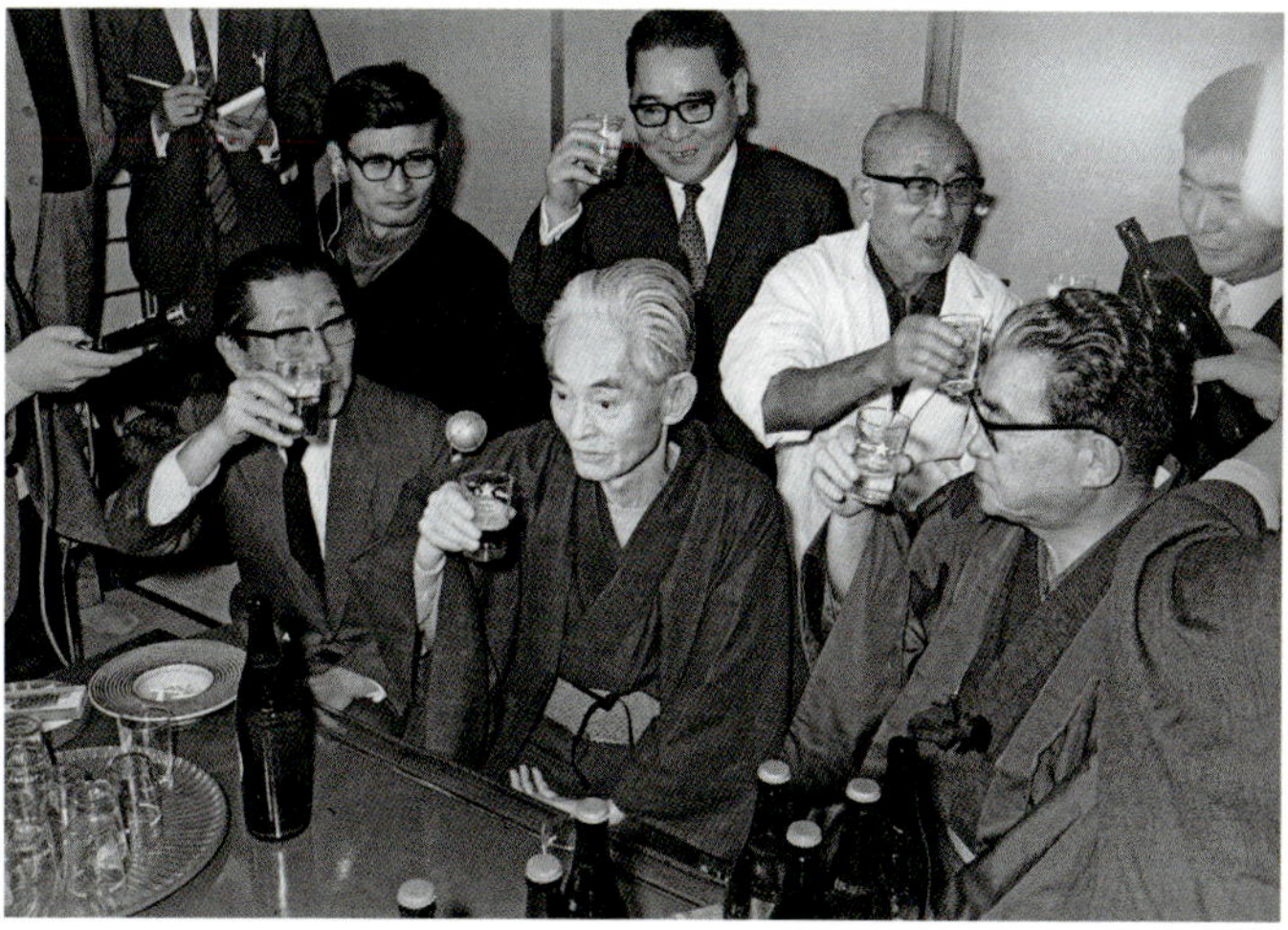

右上｜1960（昭和35）年6月4日、日米安保改定阻止第1次実行行使に全国で560万人が参加した。

左上｜1962（昭和37）年10月10日、蔵前国技館でファイティング原田が世界フライ級チャンピオンのポーン・キングピッチに挑戦し、11ラウンド・ノックアウトで世界タイトルを獲得した。

左下｜1968（昭和43）年10月17日、ノーベル文学賞を受賞し、祝杯を上げる川端康成。

1970年代

一九七〇（昭和四十五）年、第三次佐藤栄作内閣で日米安保条約が自動更新された。その二年後には戦後二十七年目にして沖縄が本土へ復帰し、金大中拉致事件（一九七三年）、石油ショック（第一次が一九七三年・第二次が一九七九年）、ロッキード事件（一九七六年）など、七十年代は国際社会の影響を大きく受けた事件が日本を大きく揺さぶった。

七十年代最後の一九七九年十二月には国鉄のリニアモーターカーが実験で時速五百四キロを達成し、新しい未来を予感させた。

右｜1970（昭和45）年11月25日、作家の三島由紀夫が市ヶ谷の自衛隊に乱入し、決起を呼びかけ、その後、割腹自殺をした。

上｜開港に向けて建設を進める成田空港（1972年）。新国際空港を成田市三里塚に建設することが決定された1966（昭和41）年以来、三里塚では建設反対闘争が勃発し、1973（昭和48）年の開港予定は延期された。暫定的に開港した1978（昭和53）年以降も、反対運動は継続した。

1980年代

©CORBIS/amanaimages

1985（昭和 60）年 8 月12 日、羽田発の日本航空大阪行きジャンボジェット機ボーイング 747SR が、群馬県御巣鷹山の山中に墜落。520 人死亡という、単独機では世界最悪の飛行機事故だった。

1986（昭和61）年５月に第12回先進国首脳会議（サミット）が東京で開催された。リビアを名指ししてテロ反対、チェルノブイリ事故の情報要求声明を採択した。写真は両国の国旗を掲げた儀仗兵に礼をする中曽根首相とイギリスのサッチャー首相。

1980年代

川崎市で二浪中の予備校生が金属バットで両親を撲殺するという衝撃的な事件で幕を開けた一九八〇年代。一九八二（昭和五十七）年十一月に誕生した中曽根康弘内閣は一九八七（昭和六十二）年十一月まで続き、その間、日米は「運命共同体」（訪米時の中曽根首相の発言）として同盟関係を強化し、一九八七年度予算案で防衛費がＧＮＰの一％枠を突破。

また一九八五（昭和六十）年のプラザ合意以降、日本国内では円高が進行し、株も土地の価格も上昇。八〇年代後半のバブル経済に突入した。

昭和の終焉

一九八九年一月七日、裕仁天皇が崩御した。足かけ六十四年にわたる在位期間は史上最長だった。一九二一（大正十）年に摂政に就任して以来、戦前は国家元首として、戦後は象徴天皇として日本を代表した。

時はバブル経済まっさかりであり、この年の四月一日から消費税がスタート。同月二十五日にはリクルート事件で高まった政治不信の責任を取り竹下登首相が辞任表明、その後継の宇野宗佑内閣も参院選惨敗と女性問題で二ヵ月で退陣するなど、政治的混乱のうちに「平成」は始まった。

写真の二月二十四日に新宿御苑で実施された昭和天皇の大喪の礼には、百六十四カ国の元首級代表が参列した。

1990年代

アメリカの経済誌『フォーチュン』で世界大企業番付の六位にトヨタ、九位に日立製作所がランクされた一九九〇(平成二)年七月からわずか三ヵ月足らずの十月一日、東証平均株価が二万円を割り込み、バブル経済は一気に破綻した。「失われた十年」(あるいは二十年)の始まりである。

政権は目まぐるしく代わり、三十八年ぶりに誕生した非自民政権の細川護熙内閣や社会党の村山富市委員長を首相とする連立内閣も長くは続かなかった。上昇の兆しが見えない一九九五(平成七)年、阪神・淡路大震災と地下鉄サリン事件という未曾有の出来事が日本列島を激震させた。

右上｜1995（平成７）年１月17日、神戸の洲本を中心にマグニチュード7.3（推定）の直下型地震が起こり、阪神・淡路地域は壊滅的な被害を被った。写真は１月18日の神戸。
左上｜1995年３月20日、オウム真理教が営団地下鉄車内に猛毒サリンを撒き、死者12名、重軽傷者5,500名以上の被害を出した。写真はガスマスクをつけて車内を清掃する自衛隊員。
左下｜1998（平成10）年２月７日から22日まで、長野で第18回冬季オリンピックが開催された。写真はスピード・スケート男子500ｍで優勝した清水宏保選手。

東京の「青空」が世界へ

日本の存在を世界に示した東京オリンピックと大阪万博。記者として東京オリンピックを取材した著者が、国際社会の変化に翻弄されながらも戦い抜いた選手たちの姿を振り返る。

ジャーナリスト　久保田誠一

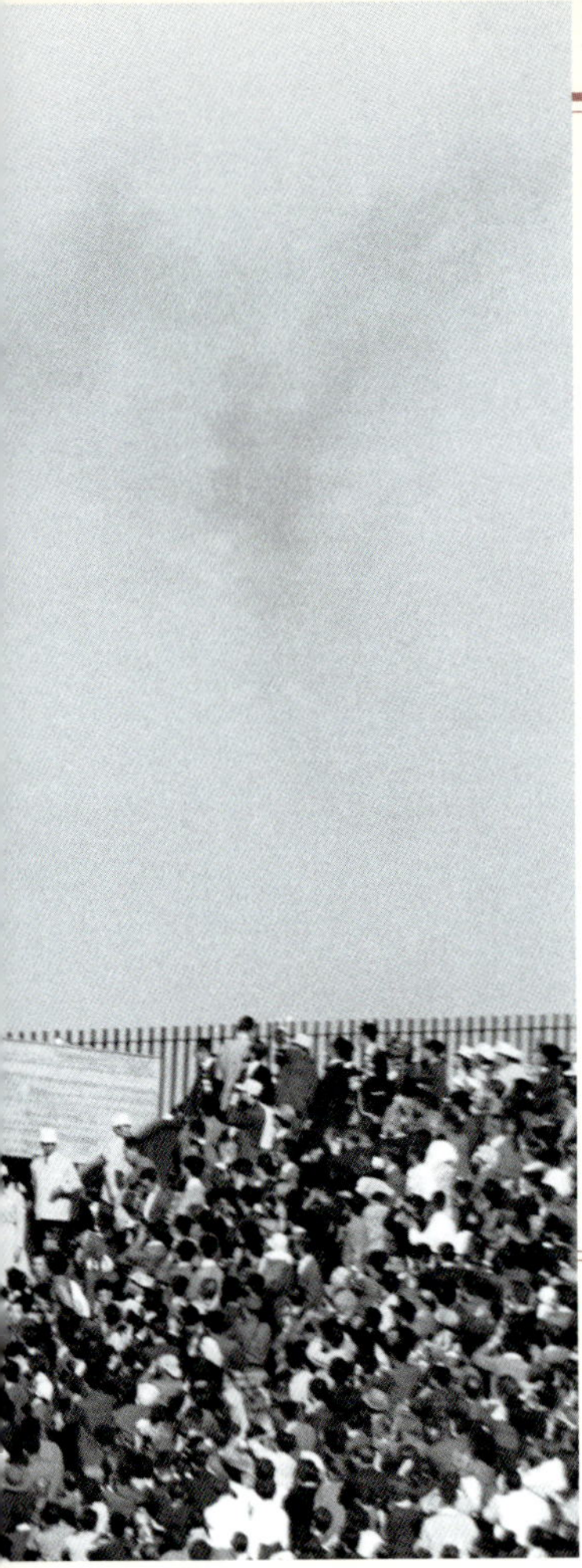

国際社会復帰後十三年で五輪開催

昭和三十九（一九六四）年十月十日、東京・千駄ヶ谷の国立競技場で夏季オリンピックの開会式が行われた。明治二十九（一八九六）年、ギリシャのアテネで開かれた近代オリンピックが回り回って十八回目でアジアにやって来た。開催の栄誉を担ったのは日本の首都東京。

前日の雨はどこへやら、朝から雲一つない青空が広がった。「世界中の青空を全部東京に持ってきてしまったような」とNHKアナウンサー、朝日新聞夕刊のコラム「素粒子」は「快晴。五輪晴れ。天われらをよみしたまえり。」と書いた。テレビは映像で、ラジオは音声で、外国新聞社の特派員はタイプライターで、澄み渡った青空の下で繰り広げられた開会式から二十四日の閉会式まで競技の模様を世界に伝え続けた。

敗戦国日本は昭和二十六（一九五一）年九月のサンフランシスコ講和条約で国際社会復帰が認められたが、日本の姿が世界の隅々まで伝えられたのは東京オリンピックだった。

オリンピックから六年後の昭和四十五（一九七〇）年三～九月に大阪府吹田市で開催された世界最大規模の国際博覧会（大阪万博）の成功によって、日本に対する国際的評価は揺るぎないものになった。

©CORBIS/amanaimages

昭和39年10月10日、国立競技場に聖火がともされた。

黒豹を思わせたヘイズの走り

オリンピック東京大会には史上最高の九十四ヵ国から選手五千五百五十八人が参加し、十五日間にわたって二十競技百六十三種目で熱戦を繰り広げた。

国別獲得メダル数では、日本は二十九個（金十六、銀五、銅八）で、米国、ソ連に次いで三位。金メダル十六個の内訳は、レスリング五、体操男子五、柔道三、ボクシングと重量挙げ、女子バレーボール各一。アジア勢で金メダルを取ったのは日本だけだった。アジア初の主催国として面目を十分に施した。

国立競技場の記者席から私は陸上競技を取材した。十四日から二十一日までの八日間。その日その日の名勝負は半世紀余り経ったいまでも記憶に鮮明である。

男子百メートルで米国のボブ・ヘイズが人類初の九秒台に挑んだ。準決勝の記録が電光掲示板には「九・九」と表示された。スタンドがどよめいたが、五・二八メートルの追い風で参考記録に留まった。

　彼が本領を発揮したのは四日後の四百メートル・リレー。アンカーのヘイズがバトンを手にしたときにはフランスが五メートル先を走っていた。彼は口をへの字に曲げたまま猛然とダッシュし、瞬く間にポーランド、ジャマイカを抜き去り、フランスも難なく捉えてゆうゆうテープを切った。その形相といい迫力といい、獲物を次々に仕留める黒豹そのものだった。米国CBSテレビのゲスト、ジェーシー・オーエンス（昭和十一年ベルリン大会百メートル金メダリスト）は「こんな走りを見たことはない。間違いなく九秒六、七で走っていた」と興奮しながらコメントしていた。

アベベ、史上初のマラソン連覇

百メートルと並んで陸上の華といわれるマラソンは十月二十一日に行われた。主役は前回のローマ大会に次いで二連覇を狙うエチオピアのビキラ・アベベだった。

　正午の時報を合図に選手たちは競技場を一周すると、新宿から甲州街道を西に向かった。アベベは五キロを十五分台のペースで走り続けて独走、世界最高記録の二時間十二分十一秒でゴールイン。その走りは神がかりだった。

　日本期待の円谷幸吉はゴール前でイギリスのベイジル・ヒートリーに抜かれたが、陸上でただ一人日の丸をあげた。

　円谷はオリンピックから四年経った昭和四十三（一九六八）年一月九日、自衛隊体育学校の宿舎で右手の動脈を剃刀で切り自殺した。遺書に「もう走れません」とあった。

　アベベは円谷の死から五年過ぎた昭和四十八（一九七三）年、エチオピアの首都アジスアベバで亡くなった。数年前に交通事故で重傷を負い入院中に死亡とのことだったが、私には自殺だったように思えてならない。

©CORBIS/amanaimages

男子100メートル決勝で勝利のテープを切るボブ・ヘイズ。

九時間に及んだ棒高跳びの熱戦

取材していて一番印象に残ったのは棒高跳びだった。競技が始まったのは十月十七日午後一時で、太陽が真上にあった。優勝者が決まったのは午後十時七分、聖火台の上に輝いていた上弦の月はスタンドの影に隠れていた。昼から夜にかけて九時間に及ぶ激戦だった。

午後八時を過ぎるころ競技は棒高跳びだけになり、あちこちに散らばっていた観客が正面スタンド周辺に集まった。

米国の応援団が「USA!」「USA!」を連呼すれば、ドイツ勢が「ドイチェ」「ドイチェ」のシュプレヒコール。五・〇五メートルを西独の二人が越えられず、米国のフレッド・ハンセンと東独のウォルフガング・ラインハルトの一騎打ちになった。五・一〇メートルをハンセンが成功し米独戦を制した。死力を尽くした二人は競技終了後もしばらくグラウンドに座り込んだままだった。

私にとっても大会でもっとも興奮しもっとも長い一日だった。

惨敗した「アジアの鉄人」

国立競技場は連日超満員。日本人に交じって世界各国からの観客が大勢つめかけた。十月十九日、快晴無風のスタジアムの一角に「青天白日旗」（中国国民党旗）を振る大集団が陣取った。いよいよ台湾が誇る「アジアの鉄人」楊伝広が出場する十種競技が始まった。下馬評では世界記録を持つ楊に◎が付けられていたが、彼は一日目の百メートルから精彩を欠き五位に終わった。国立競技場のメインポールに青天白日旗を揚げたいという蒋介石以下全台湾人の悲願は叶わなかった。楊は競技を終えると頭を抱えフィールドの芝生にうずくまってしまい、ややあって退場する彼の後を麗霞夫人が泣きじゃくりながら追う。痛々しい光景だった。

閉会式に現れなかった台湾

東京大会は十月二十四日、閉会式を迎えた。午後五時、各国の選手が国旗を掲げて入場。統一ドイツの旗手は開会式のエンゲル（東独）に代わってブリティング（西独）が務めた。スポーツ界では東西両ドイツの「壁」が取り払われていた。開会式の整然とした入場行進と違って、閉会式では旗手に続く選手団は腕を組んで踊りながらの入場。ハンカチの波で揺れるスタンドと手を振る選手団が一つになり、人種を超えたサヨナラ・パレードとなった。

このお祭り騒ぎに台湾の選手が加わっていなかったことに果たして何人が気付いていただろうか。女子八十メートル障害に出場した紀政は語る。

「亡命者がでたらしいという情報がわれわれの耳に入ったのは閉会式当日でした。亡命者は一人とか二人とか、誰だ、誰だ、と大騒ぎで、閉会式どころではありませんでした」

「中共に行きたい」と日本政府に亡命を申し出たのは射撃選手（ラビット・ファイア・ピストル）の馬青山と、公式参観団の陳覚だった。警視庁は馬と陳の意思を確認したうえ、十一月一日、日本船で出国させた。警視庁が刊行した「オリンピック東京大会の警察記録」によると、大会に関連した亡命事案は十件十四人だった。

ジュースに消えた金メダル

「楊は東京オリンピックで毒物を飲まされて負けた」――産経新聞が昭和五十七（一九八二）年九月、来日した楊とのインタビューをもとにショッキングなニュースを掲載した。私は平成十四（二〇〇二）年九月十五、十六日、台湾の高雄で楊にこの件で詳しく取材した。

　昭和五十二（一九七七）年の旧正月の直後、台北で楊は周中隕（東京オリンピック台湾選手団総幹事）から「君は知らないだろうが、台湾警察がずっと調べていたことがある。中共に亡命したあいつのことだよ。そういえばわかるだろう」と耳打ちされる。

　楊はピンときた。十種競技が始まる数日前、選手村の食堂で団欒中に馬青山がやってきて「鉄人の優勝を祈念してカンペイカンペイ！と、グラスにジュースを注いでくれた。二口くらい飲んだ直後から、体が変調をきたした。走っても汗がでない、体が重い、ノドが痛い。てっきり流感に罹ったと思っていたが、やつに毒をもったジュースを飲まされたんだ」

　楊は周の前でボロボロ涙を流し、畜生と叫びながら二、三日、狂ったように飲みまくったという。それから二十年後、当時の状況を語る彼の表情は激しい怒りで震えていた。

「中共とすれば、台湾の『青天白日旗』がメインスタジアムのセンターポールに翻ることを何としても阻止したかったのでしょう。馬は射撃競技ではビリだったが、亡命した中共では出世したそうじゃないですか。やつは秘密任務を帯びて東京に送り込まれたんですよ」

　楊以下関係者はみな他界して「真相」の検証を行う術はないが、私には忘れることのできない重い悲しいエピソードである。

幻のオリンピックと万国博覧会

　オリンピックは実は戦前の昭和十五（一九四十）年に東京開催が決まっていた。ところが、昭和十二（一九三七）年七月に北京近郊の盧溝橋で発生した発砲事件を機に日本軍は中国攻勢を強め日中全面戦争へと拡大する。米国

「人類の進歩と調和」をテーマとして昭和45（1970）年に開催された大阪万博。

や欧州では日本でのオリンピック開催に反対する世論が高まり、日本国内でも国家総動員計画が立案されスポーツを取り巻く環境は悪化の一途を辿って行く。

開催か返上か——政府と軍部で意見が分かれる中で、昭和十三年七月十四日、商工省（現・経済産業省）が万国博覧会の延期を決め、翌十五日に厚生省（現・厚生労働省）がオリンピック開催中止を決定する。万博もオリンピックも日中戦争で「幻」に終わった。昭和三十九年の東京オリンピックと昭和四十五年の大阪万博で「幻」が「現実」になったわけである。

近代オリンピックの第二回大会（明治三十七年、パリ）と第三回大会（明治四十一年、米セントルイス）では、オリンピックは博覧会の観客誘致のための余興として開催されていた。オリンピックと博覧会は古くから「セット」で開かれていたことがわかる。

東京から東京へ

二〇二〇年にオリンピックが東京に戻ってくる。いまにして思えば、昭和三十九年の大会は「平和の祭典」として最後のオリンピックだったように思う。「東京」の

次のメキシコ大会（昭和四十三年）では、開会直前に独裁政権に反対する学生と軍隊が衝突し、死者は二百人を超えた。ミュンヘン大会（昭和四十七年）では、パレスチナ・ゲリラ「黒い九月」がイスラエル選手十一人を殺害した。モントリオール大会（昭和五十一年）では、「南ア」問題でアフリカ二十二ヵ国がボイコット。モスクワ大会（昭和五十五年）とロサンゼルス大会（昭和五十九年）では、米ソが相手国のオリンピックをボイコットし「片肺大会」となった。ソウル大会（昭和六十三年）以降は冷戦が終結したこともあってボイコット騒動はおさまったが、テロの脅威が年々高まり、軍隊や警官の「銃剣に守られた祭典」になっている。われわれは二度目のオリンピックで世界に何を発信できるのか。大会中にいみじくも広島と長崎の原爆の日を迎える。

クールジャパンの軌跡

日本のアニメや漫画、ゲームなどのコンテンツをはじめ日本独自の文化を、21世紀になって「クールジャパン」と称するようになった。戦後、日本人は生活の利便性を追求するとともに、暮らしの中の「遊び」の部分に独自の価値を見出し、発展させていった。

身近になる ゲームと映像の世界

右上｜昭和53（1978）年にスペースインベーダーが登場し、アーケードゲームは爆発的に普及していくが、その前史としてコンピュータゲームが出現する前のゲームセンターがある。上は昭和26（1951）年のゲームセンターの賑わいの様子。

左上｜タクシー客用に設えられたテレビ。撮影は昭和38（1963）年で、こうした「おもてなし」は当時としても際立ったものだったのだろう。

左下｜コンピュータゲームが登場すると、80年代から90年代にかけて、「パックマン」や落ち物パズルゲームの「テトリス」、対戦型格闘ゲームの「ストリートファイターII」などが大流行した。写真はそのころのゲームセンター。

｜©CORBIS/amanaimages（3点とも）｜

SONY

ASTRO CITY
対戦専用台2P側
1P
Ryu

生き物とデジタルの融合

平成4（1992）年12月に福岡で行われたイベントに登場した、相手を見てしゃべるロボット。

携帯してデジタルペットを育てる「たまごっち」が登場したのは平成８（1996）年で、ブームの最盛期には入荷情報を聞きつけて徹夜でお店に並ぶ人たちが続出した。

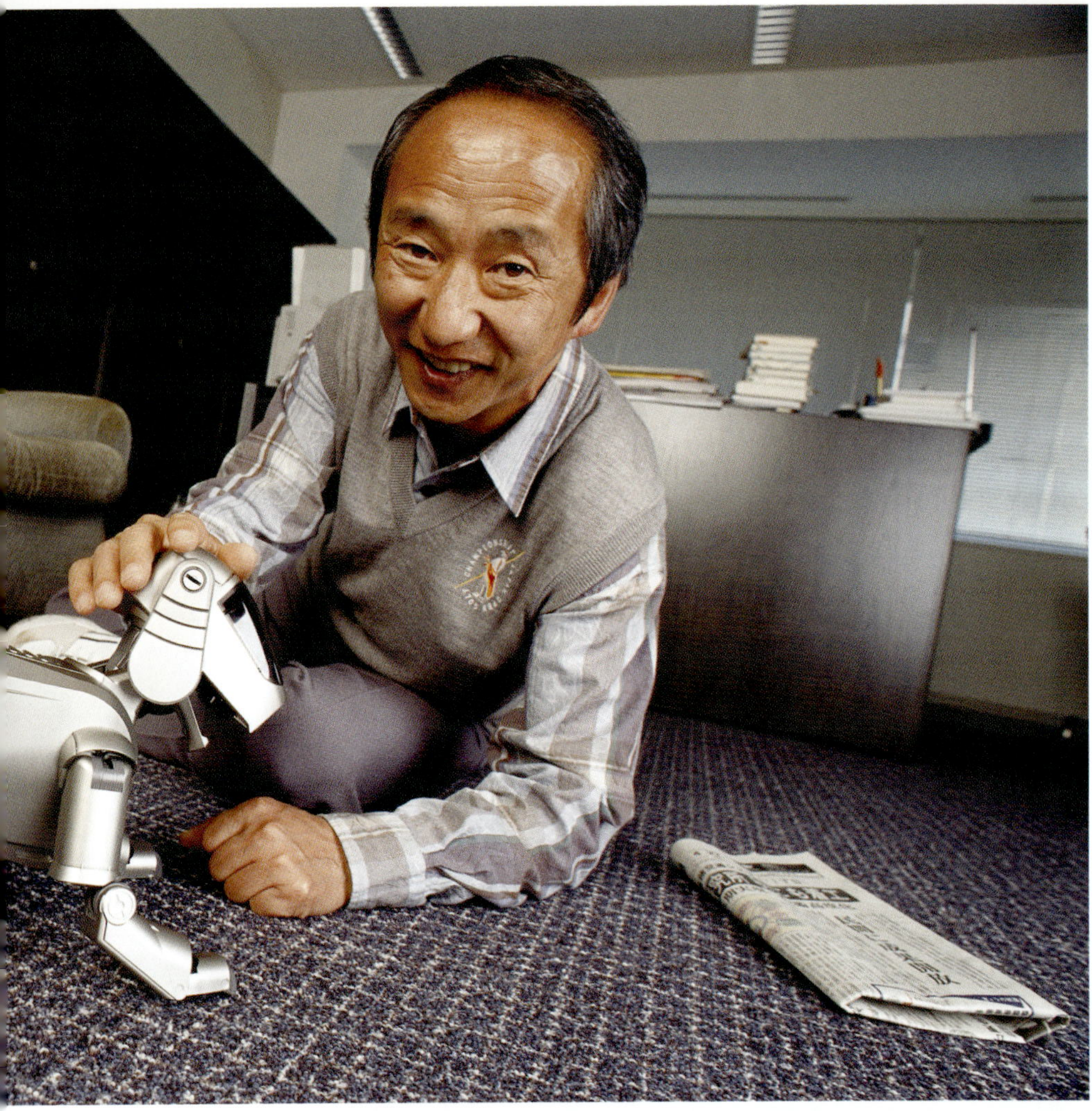

HONDA
FAN
FUN
LAB

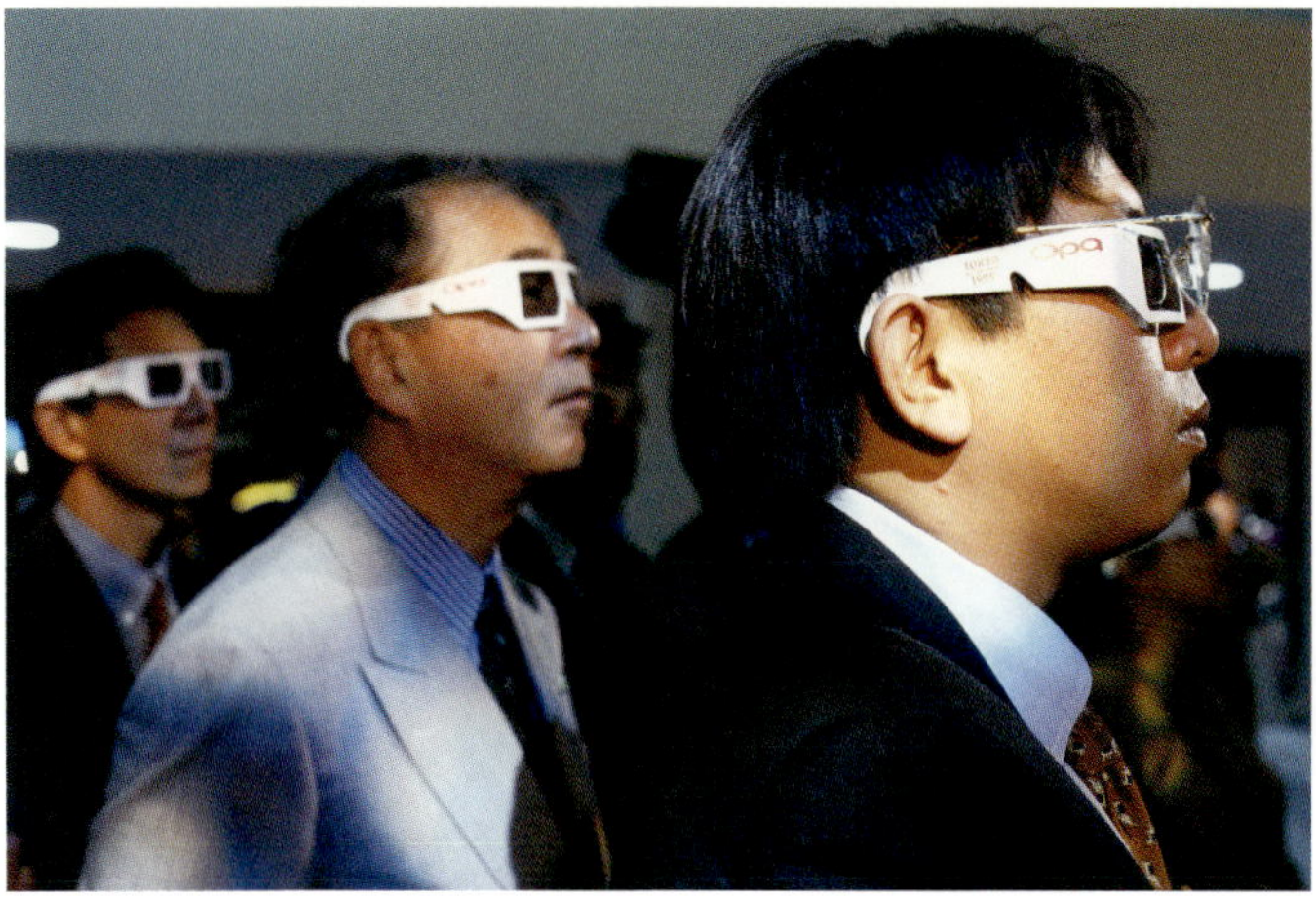

見えてきた未来社会

右上｜ソニーが平成11（1999）年に発売したAIBOとその開発を手がけた土井利忠。AIBOは初の家庭用ロボットとして人とコミュニケーションすることによって学習し、成長する自律型エンターテインメント・ロボット。

右下｜ホンダが開発した人型ロボット。写真はプロトタイプのＰ２とＰ３で、自立歩行し簡単な作業をこなすことができる（平成11年撮影）。平成12（2000）年にASIMOが発表される。

上｜モーターショーで３Ｄメガネを装着するビジネスマン。３Ｄ技術は今後、エンターテインメント分野以外にも活用されることが予想される。

戦後風俗史

戦後直後から20世紀の終わりまで、外国人カメラマンの目に映ったオリエンタルでエキゾチックな日本の風俗の変遷をたどる。

世界のMIKIMOTO

右｜真珠の養殖になくてはならない存在の海女（昭和22年ころ三重県の鳥羽湾で撮影）。

上｜試行錯誤を繰り返し、真珠の養殖に成功した御木本幸吉。ミキモトの創業者である。

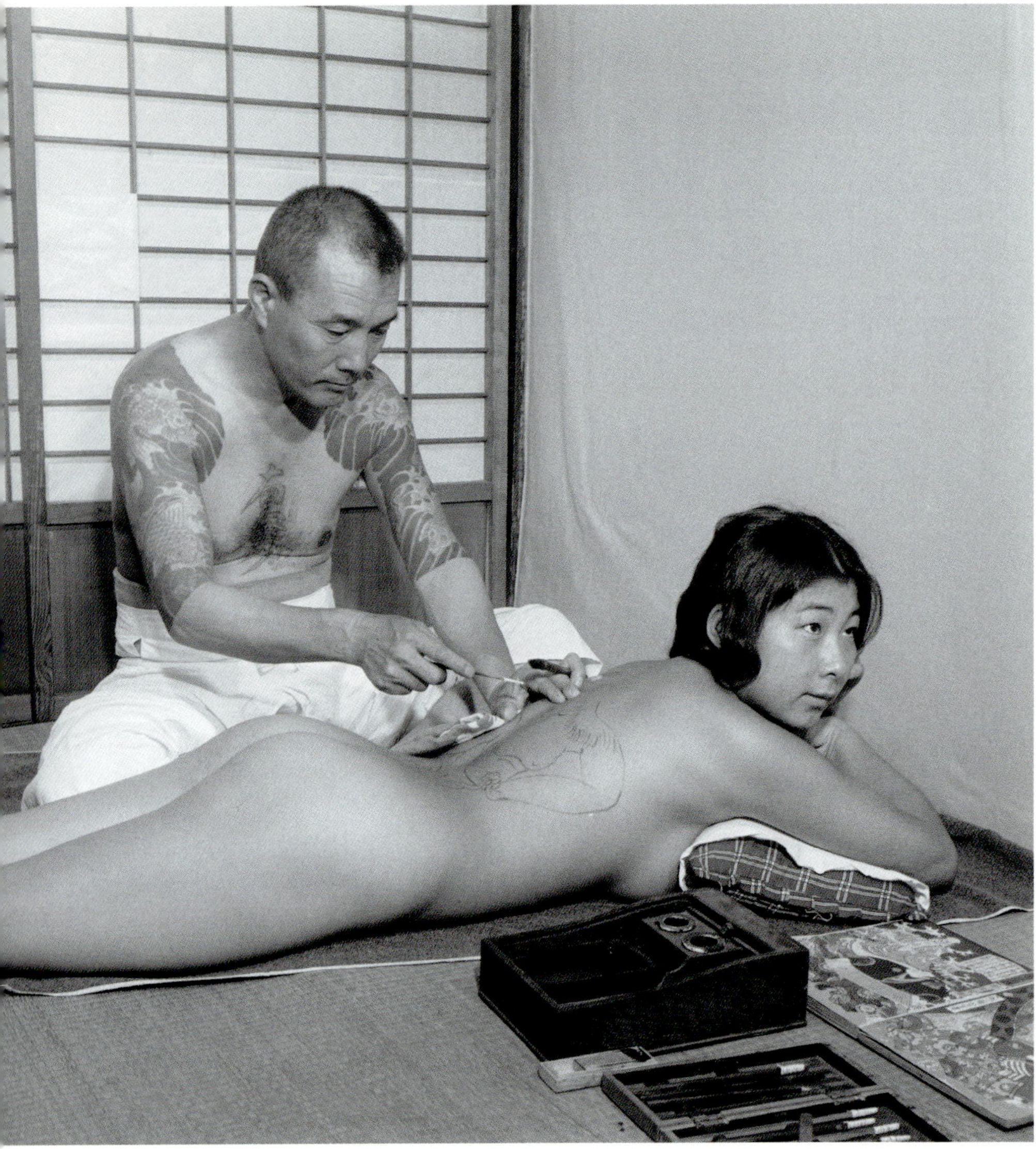

日本のタトゥー文化

右｜女性の背中に刺青を彫る彫り師
（昭和21年）。
左｜線画を転写する伝説のタトゥー・
アーチスト内田徳光（昭和30年）。

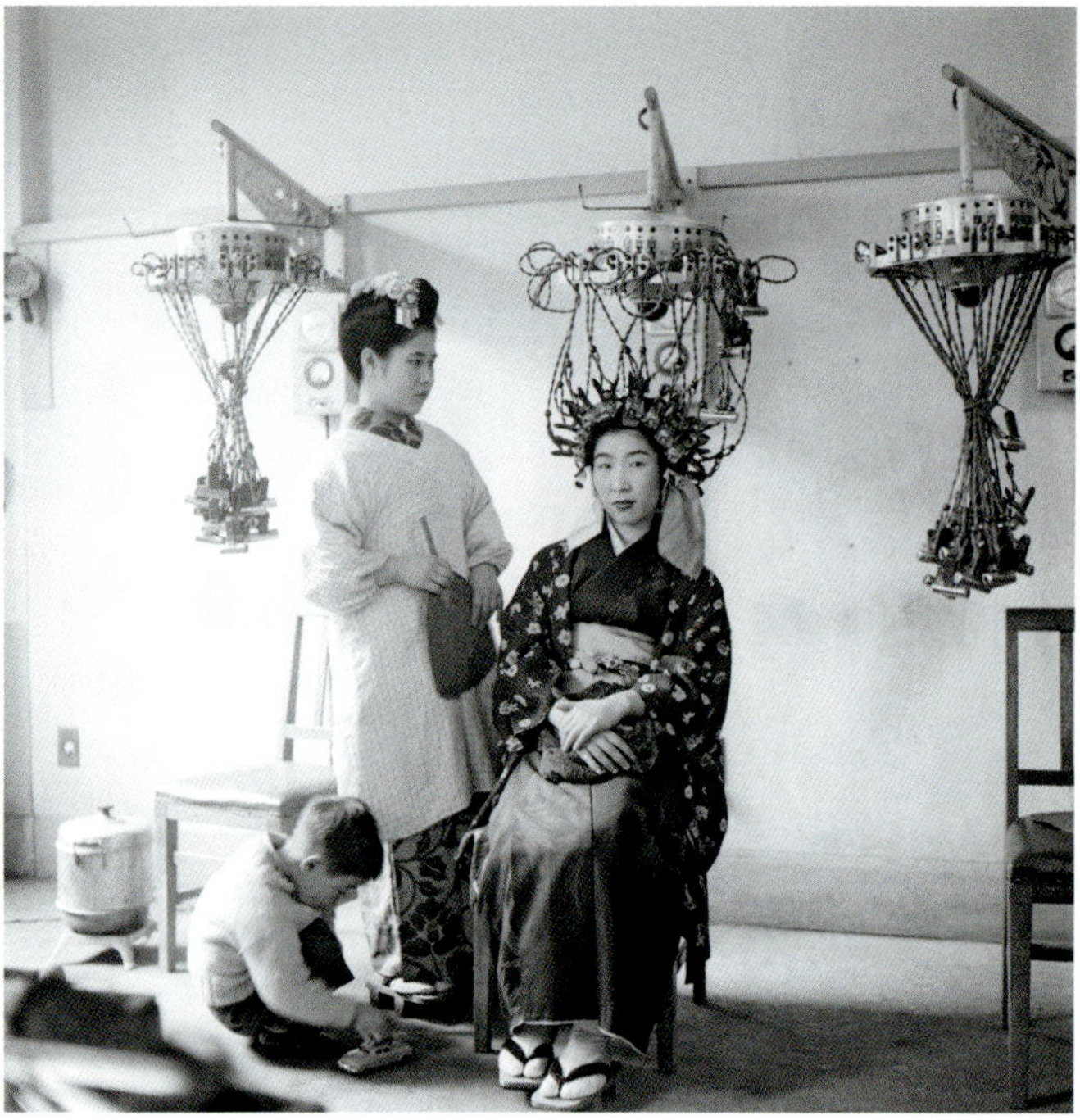

着飾った女性たち

右｜美容院でパーマをあてる女性（昭和21年～31年ころ）。
左｜ホームで新幹線を待つ結婚式の出席者たち（昭和43年）。

イッツ・ジャパニーズスタイル

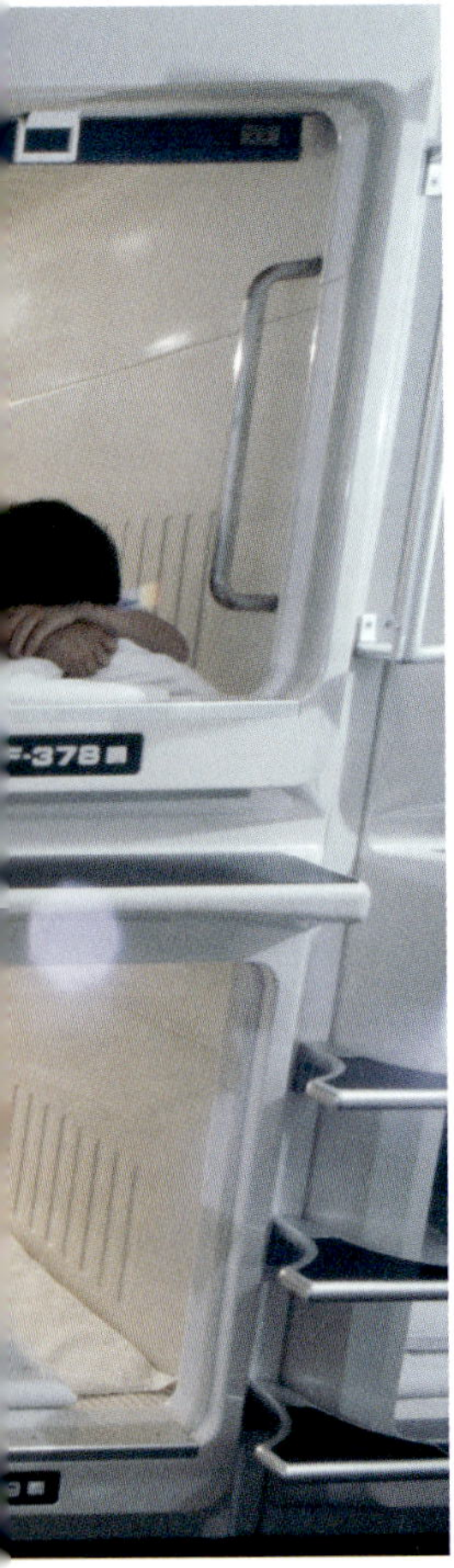

右上｜輸出に向けて列をなすコンパクトカー（昭和44年）。
右下｜昭和45（1970）年の大阪万博に現れた広告を描く彫像。
左上｜代々木公園横の歩行者天国で踊る若者たち（昭和59年頃）。
左下｜カプセルホテルで休むビジネスマン（昭和60年）。

F-374
F-376
F-375
F-377

“失われた10年”の群像

©CORBIS/amanaimages

横断する歩行者の数が世界一といわれる東京･渋谷駅前のスクランブル交差点（平成 10 年)。

寄稿者紹介

（掲載順）

三井圭司 みつい けいし

昭和45（1970）年生まれ。東京都写真美術館学芸員。主著に『写真の歴史入門─第一部「誕生」新たな視覚のはじまり─』（新潮社、2005年）など。

坂崎重盛 さかさき しげもり

昭和17（1942）年生まれ。随文家。『Tokyo老舗・古町・お忍び散歩』（朝日文庫、2007年）ほか著書多数。

小沢信男 おざわ のぶお

昭和２（1927）年生まれ。作家。『裸の大将一代記』（筑摩書房、2000年）で桑原武夫文学賞受賞。著書多数。

保阪正康 ほさか まさやす

昭和14（1939）年生まれ。ノンフィクション作家。『昭和陸軍の研究　上・下』（朝日文庫、2006年）ほか著書多数。

久保田誠一 くぼた せいいち

昭和13（1938）年生まれ。朝日新聞ニューヨーク支局長、東京純心女子大学教授を経て執筆活動へ。主著に『日本のゴルフ100年』（日本経済新聞社、2004年）など。

編集・執筆　**水島吉隆**

写真提供　**アマナイメージズほか**

世界《せかい》から見《み》た20世紀《せいき》の日本《にほん》

二〇一六年六月二〇日　第一版第一刷印刷
二〇一六年六月三〇日　第一版第一刷発行

著者　保阪正康 ほか
発行者　野澤伸平
発行所　株式会社 山川出版社
東京都千代田区内神田一-一三-一三
〒一〇一-〇〇四七
振替　〇〇一二〇-九-四三九九三
電話　〇三(三二九三)八一三一[営業]
〇三(三二九三)一八〇二[編集]

企画・編集　山川図書出版株式会社
印刷　半七写真印刷工業株式会社
製本　株式会社ブロケード
装幀　マルプデザイン(清水良洋)
本文デザイン　マルプデザイン(佐野佳子)

ISBN 978-4-634-15098-0